VENEDIG

»Es fallen einem die Bilder ein.
Die Bilder all der vielen Maler, die Venedig gemalt haben.
Die hier gestanden haben. Die versucht haben,
es in Farbe einzufangen. Und die Stadt ist nicht einzufangen ...«

Wolfgang Koeppen (Ich bin gerne in Venedig warum)

VENEDIG

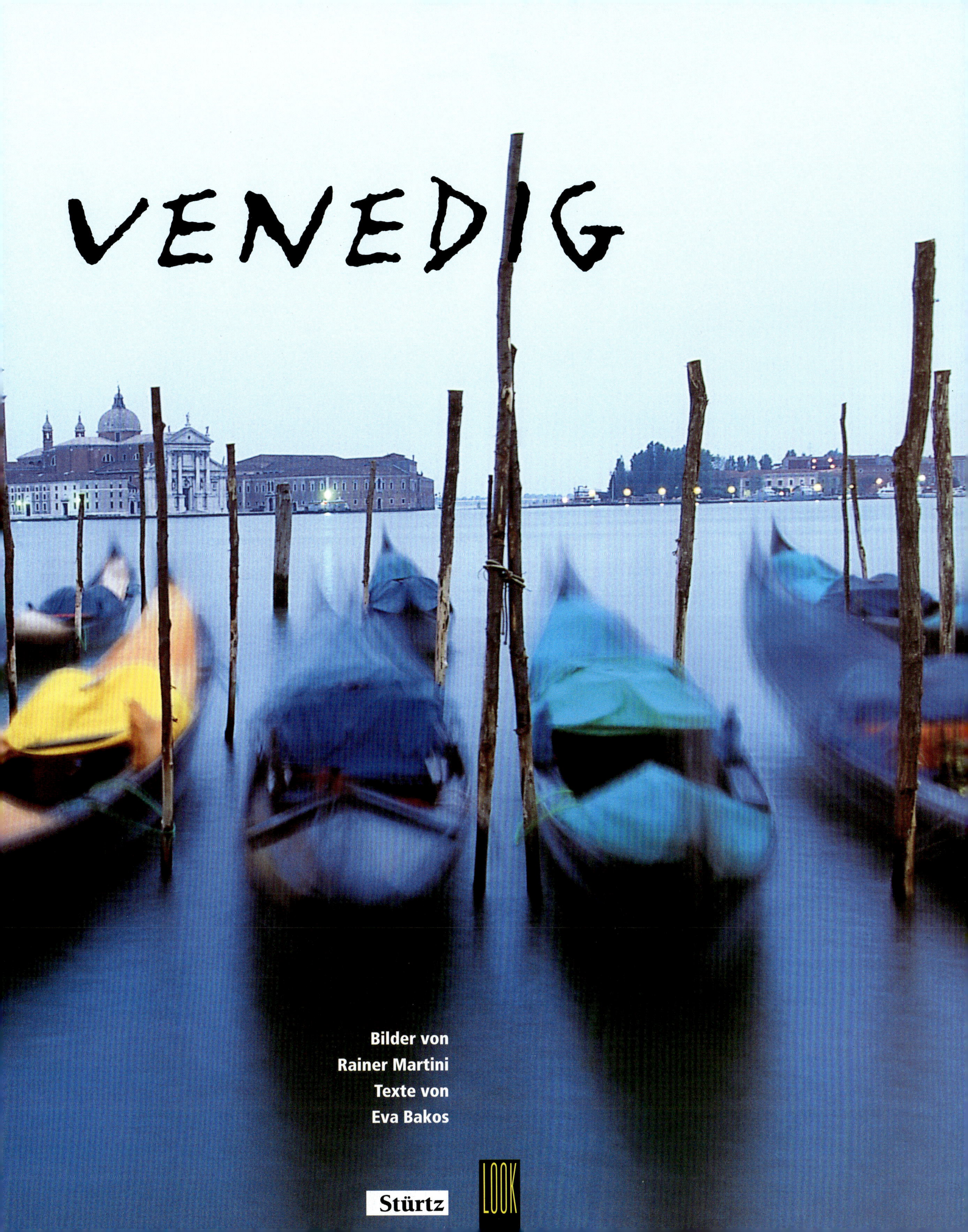

Bilder von
Rainer Martini
Texte von
Eva Bakos

Stürtz

LOOK

INHALT

Santa Maria della Salute.

Titelseite:
Gondeln vor San Giorgio.

Rücktitel:
Canal Grande mit Palazzo Cavalli Franchetti und den Kuppeln von Santa Maria Salute.

Seite 1:
Venezianische Maske.

Seite 2/3:
Die Insel San Giorgio Maggiore mit der Kirche von Andrea Palladio.

Die Prokuratien – Piazza San Marco.

Und immer bleibt das Gesicht verhüllt.

Einen Ausgang zu einem Kanal haben fast alle venezianischen Häuser.

Burano ist die bunteste Insel der Lagune.

STADT IM WASSER

Am Anfang waren Wasser und ganz wenig Erde - gerade genug, um ein paar Flüchtlinge aufzunehmen. Das Produkt dieser Flucht ist Venedig. Als es entstand, brach die alte, von Rom beherrschte Welt auseinander. Der Ansturm der Hunnen und Awaren, Ostgoten, Franken, Langobarden zerstörte auch die machtvolle römische Handelsmetropole Aquileia und die wohlhabenden Siedlungen im Küstenland der Adria. Die Veneter, die hier lebten, flüchteten ins Niemandsland der Lagune. Kaum mehr als Gestrüpp und Schlamm fanden sie dort - und Sicherheit. Allerdings - wenn man den Schriften des Renaissancearchitekten Sansovino glauben darf, gab es dort auch frustrierte Fischer, die ihren ungebetenen Besuchern entgegenknurrten: veni etiam! Da kommen schon wieder welche! - Die erste von unzähligen Legenden um Venezia.

In vielen Etappen trieb die Völkerwanderung die Festlandveneter hinaus auf die Inseln der oberen Adria.

Der Reichtum kam über das Wasser

Im Fluchtgepäck der Neuankömmlinge mochten wenige brauchbare Dinge gewesen sein, aber in ihren Köpfen lebte die zähe Überzeugung, daβ sie sich ihre eigene Wirklichkeit schaffen würden, aus der sie diesmal niemand vertreiben konnte. Das war die Software, die aus einer Gruppe verstreuter Inseln eine amphibische Stadt machte. Einmal die reichste und mächtigste, bis heute die berührendste und fragilste der Welt. Das Geheimnis ihrer Erbauer war die Komplizenschaft mit dem Wasser, das Venedig durch tausend Jahre unangreifbar machte. Niemand auβer den Venezianern konnte sich in den von geheimen Kanälen durchzogenen Untiefen der Lagune bewegen.

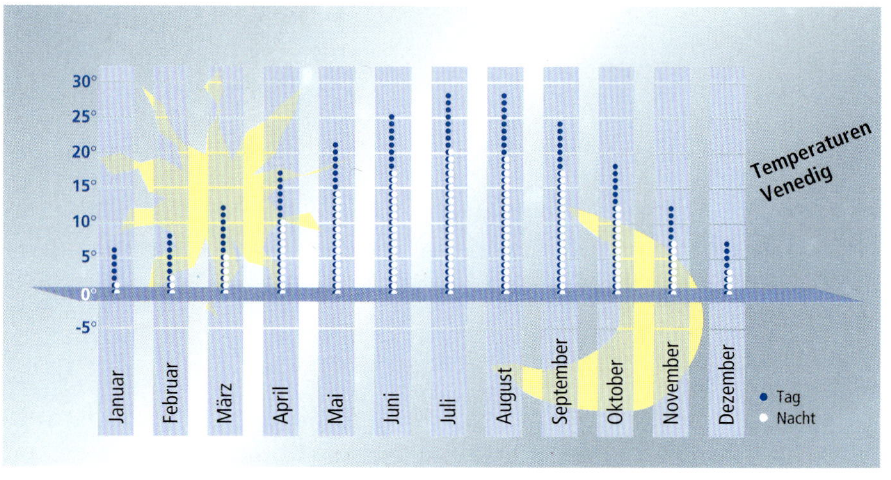

Das Wasser half ihnen aber auch, der Enge der Stadt, der Kargheit ihrer Ressourcen zu entgehen. Alles, was Venedig ausmacht, die Reichtümer Asiens, die unschätzbare Erfahrung im Umgang mit fremden Völkern kam über das Wasser. Vom Wasser lernten sie die Beweglichkeit, die schillernde Unberechenbarkeit, die irritierende Verlockung ihrer Politik. Gefährlich schnell wie eine Springflut oder sanft

Seite 6/7: Santa Maria della Salute – zum Dank für das Ende der Pestepedemie 1630 zu Ehren der Jungfrau erbaut.

Die Wälder Istriens und Dalmatiens lieferten die Stützpfeiler für das auf schlammigem Grund erbaute Venedig.

wie ein steter Tropfen setzten sie Veränderungen durch. Sie hatten kein Land, also verbanden sie die kleinen Inseln durch Brücken oder Aufschüttungen, die schlammige Wasserwüste ringsum domestizierten sie zu schiffbaren Kanälen. Schwankendes Schwemmland war ihr Baugrund - sie armierten ihn mit abwärtswachsenden Wäldern. Um eine Basis für ihre Häuser, Paläste, Brücken und Kirchen zu schaffen, trieben sie Millionen Baumstämme in den Schlick. 12.000 Pfähle geben allein der Rialtobrücke Halt. Die Barockkirche Santa Maria Salute, zum Dank für die Befreiung von der Pest gebaut, ruht auf 176.627 Stämmen, heißt es. Dort, woher der unsichtbare Wasserwald Venedigs kam, an den Küsten Istriens und Dalmatiens, herrscht seitdem Kahlschlag. 118 Inseln wurden mit 400 Brücken vernetzt - ein filigranes Gitterwerk in einem Labyrinth von Wasserstraßen. Die Undurchschaubarkeit der Stadt entspricht dem politischen System des Stadtstaats.

Krönungszeremonie des Dogen, Gemälde aus der 1. Hälfte des 18. Jahrhunderts von Gabriele Bella.

Der Doge, nach dem Vorbild des römischen duca gewählt, war die oberste Instanz. Aber er unterlag der Kontrolle selbstbewußter Patrizier, die ihn gegen Ende der Republik völlig entmachteten. Entscheidungsträger waren eine Vielzahl von Gremien. Demokratisch war dieses System nur in seinen Anfängen, später profitierten nur die Reichen und Mächtigen davon. Die Wahl des Dogen erfolgte durch ein undurchschaubares System immer wieder neu zu bestimmender Wahlmänner. Die Dogenwürde war nicht erblich. Der einzige, der seinem Vater in den Dogenpalast folgte, Pietro Canziano IV., wurde mitsamt seinem Sohn erschlagen, als er ihm sein Amt weitergeben wollte. Aber die vielen identischen Namen der Dogen signalisieren, daß die Macht in wenigen Familien blieb.

Isoliert und geschützt: San Giorgio, eine der Inseln vor der Insel Venedig.

Festung ohne Mauern

Venedigs bester Sicherheitsgarant war das Wasser. Nur zweimal in tausend Jahren wurde es belagert. 908 von Pippin, dem Sohn Karls des Großen. Von den rivalisierenden Genuesen 1380. Napoleon, der Venedig 1797 die erste und endgültige Niederlage bereitete, hatte es mit einem ausgehöhlten, brüchigen Gegner zu tun, der kaum noch Widerstand leistete. Nur die arsenalotti, die Werftarbeiter, waren bereit, die Stadt im Wasser, die ihnen durch Generationen Arbeit gegeben hatte, zu verteidigen. Venedig war immer eine Stadt ohne Schutzmauern, Bollwerke, Wehrtürme. Weit offen liegt die Prachtstraße des

Canal Grande, wo die reichsten Patrizier lebten und arbeiteten, vor dem Besucher. Unwirklich luftig schweben die alten Palazzi über dem Wasser - die Gotik mit orientalischen Stilelementen ist der ureigenste Stil der Stadt. Viel länger als in den Festlandstädten verharrte die Gotik in Venedig. Die Venezianer spielten mit ihr, - scheinbar gegen alle Gesetze der Schwerkraft - als sie dem Dogenpalast ein filigranes Fundament und einen massiven Oberbau gaben. Nichts schien sich diesen Beherrschern des Irrealen zu widersetzen - der pfahlgestützte Grund trug sogar die wuchtigen Renaissancebauten Palladios und Sansovinos. Aber sie kündigten eine Abkehr an - nun baute Venedig wie alle anderen.

Im vierten Kreuzzug zerstörten die Kreuzritter des Abendlandes, unter der Führung des venezianischen Dogen Enrico Dandolo, Konstantinopel – ein Pyrrhussieg, der den Türken freie Bahn schuf.

Gotik auf venezianisch – mit einem Hauch Orient.

Drei Wendepunkte gab es in der Geschichte der Stadt. Sie führten zu Veränderungen, die die Venezianer nicht mehr steuern konnten. Der erste war die Eroberung Konstantinopels durch den halbblinden, neunzigjährigen Dogen Enrico Dandolo 1204. Ein Rachefeldzug, für den er 30.000 Kreuzfahrer mißbrauchte. Der Anlaß war relativ unbedeutend, dahinter stand Wut über die lange Abhängigkeit Venedigs von Ostrom. Und die Gier auf die Schätze der Stadt. Die Rechnung kam spät, aber sie war hoch. 250 Jahre danach erobern die Türken das geschwächte Konstantinopel und machen den Venezianern die alten Handelswege und ihre Kolonien streitig.

Marco Polos Erbe

Zwei Männer und ein Halbwüchsiger finden den Weg in die Mongolei, ins Reich des legendären Kublai Khan. Vierundzwanzig Jahre bleibt der Jüngste, Marco Polo, bei diesem Herrscher. Als er zurückkommt, reizt er die reisegewohnten Venezianer mit seinem »Buch der Wunder« zum Spott - »Messer Millioni« nennen sie ihn und halten ihn für einen Aufschneider. Nur einer nimmt das Buch sehr ernst und lernt daraus: Cristoforo Colombo aus Genua. Als er von seiner großen Reise zurückkehrt, ist auch die Welt Venedigs nie mehr so wie sie war. Gewürze und Kostbarkeiten aus fremden Ländern holen nun auch viele andere.

Venedig hört auf, sich nur auf das Wasser zu verlassen. 1423 erobert der Stadtstaat Festland und gewinnt damit eine eigene Landwirtschaft und viel Platz - auch für Villen und Gärten, in denen sich das Leben in ungeahnter Weise genießen ließ. Venedig bekam damit auch Zugriff zu den Flüssen, die die Lagune mit ihrem Geröll zu verlanden drohen.

Zwischen dem 14. und dem 17. Jahrhundert verhinderte der Magistrato alle aque, die oberste Wasserbehörde, die Verlandung der Lagune Venedigs durch die Umleitung geröllführender Flüsse. Ein kunstvolles Kanalnetz sicherte die Versorgung.

Die Wasserbehörde, eine der mächtigsten Institutionen der Stadt, läßt einen Arm des Po, den Fluß Sile und die Brenta umleiten. Als wichtige Verbindung zum nun venezianischen Padua entsteht der Brentakanal.

Venedig wird reicher denn je, aber auch unbeweglicher, angreifbarer, den anderen Staaten ähnlicher. Sein Geheimnis geht verloren. Langsam läuft die Zeit eines Gemeinwesens ab, das sich auch als Herr der Zeit fühlte - mit einem eigenen Kalender, der das Jahr im März beginnen läßt. Die Energie der Pionierzeit ist aufgezehrt, die unerschöpfliche Phantasie wird zur Maskerade, seine elastische Klugheit zu starrem Machtbewußtsein. Venedig wird alt und vergeßlich. Es macht nichts, daß es Flecken und Falten bekommt, noch immer ist es anziehend genug. Aber das verratene Wasser, so lange Freund und Beschützer, gerät außer Kontrolle.

Eine lange Zeit der Armut und der Demütigung folgt auf den Niedergang im 19. Jahrhundert. Die Königin der Meere wird zur Zimmerwirtin für die Welt, aber noch immer hat sie ihre Identität. Erst die falsche Hoffnung auf neuen Reichtum zerstört sie. Im 20. Jahrhundert entstehen entlang der Lagune Fabriken, Raffinerien, Ölhäfen, die Arbeit außerhalb des Fremdenverkehrs anbieten. Abwässer und Abgase ziehen über die alte Stadt und machen sie krank. Eine tiefe Schiffahrtsrinne läßt den Lagunengrund mit seinen fast leer gepumpten Grundwasserseen absinken. Mit ihm sinkt die Stadt. Immer mehr Venezianer ziehen fort.

Seit 1846 ist Venedig über eine Eisenbahnbrücke erreichbar, seit 1932 überspannt die Autobrücke die Lagune.

Aqua alta, das Hochwasser, das bei Schirokko so schnell aus Abflüssen und Pflasterritzen steigt, unterwäscht die Häuser. Eine Sturmflut scheint 1966 mit zwei Meter hohen Wellen Venedig ein Ende zu bereiten. Eine Schleusenanlage wird versprochen - sie steht noch immer nicht. Und doch: Venedig lebt, es schimmert in echtem und falschem Gold, es verlockt, verwirrt, verdoppelt die Welt wie ein geheimnisvoller Spiegel.

Treffpunkt der Welt seit Jahrhunderten: die Piazza San Marco.

Venedig vor den Dolomiten - an klaren Herbsttagen kann sich dieses Schauspiel bieten, daß die Adria an die Alpen rückt. Venedig ist mit beidem verbunden.

Wahrzeichen und Leuchtturm: der Campanile, über dessen Dach ein Engel den Weg in den sicheren Hafen weist.

Inbild funktioneller Schönheit: Die Gondel ist ultimatives Design, geschaffen für stille Wasser, bedroht vom modernen Verkehr.

So schlicht und windschlüpfig das Design der tiefschwarzen Gondel ist - es bleibt Platz für subtiles Ornament.

Die Haube des Dogen krönt das Bugeisen, dessen Zacken die Stadtteile Venedigs symbolisieren und das verlorene Zypern.

Stadt der Stufen - Venedigs Brücken müssen erklommen werden. Ein Spaß für leichtfüßige Touristen, harte Arbeit für die Lieferanten der Läden.

Seite 18/19:
Bis vor die Tore von San Marco lecken die Wasserzungen von *aqua alta*.
Sie beginnen als harmlose Pfütze und verwandeln sich schnell zum See. Das Hochwasser kommt immer von unten, aus den Kanälen, der Schirokko drückt es empor.

Giacomo Girolamo Casanova

Die personifizierte Verführung Venedigs: Casanova – Illustration aus seinen Memoiren, um 1850.

Es ist nicht Schönheit, was ich vorzuweisen hatte, sondern etwas Wertvolleres; ich weiß nicht, was es war. Ich fühlte mich zu allem fähig.« Klarer als Casanova selbst hat niemand sein Leben analysiert. Er ist zu allem fähig, ein Spieler, der jedes Spiel mitmacht, wenn es sein muß, auch mit gefälschten Karten. Und der sich lächelnd dabei zusieht. Das Venedig des 18. Jahrhunderts spiegelt sich perfekt in diesem Sohn der Stadt. In Casanova oszillieren alle Widersprüche, die das Ende einer Epoche und das Ende der Republik begleiten: Sinnlichkeit und Zynismus, Aufklärung und Konformismus. Die Geschichte seines Lebens ist die erotisch durchäderte Geschichte der Rokoko-Gesellschaft. Venedig, wo Giacomo Girolamo Casanova als Sohn eines Schauspielerpaars geboren wird, hat ihn bald ausgestoßen. Ohne konkrete Anklage wird der einstige Priester und erfolgreiche Abenteurer unter den Bleidächern eingekerkert. Angeblich wegen Religionsfrevels - in einer Stadt, die Religion immer sehr weitherzig ausgelegt hat. Nach fünfzehn Monaten Haft kann er fliehen. Paris, Rom, Genf, Barcelona, London, St. Petersburg sind nur einige der vielen Stationen seines ruhelosen Lebens, ehe er wieder nach Venedig zurückkehren kann - als Spitzel. Er begegnet dem Papst Clemens XVIII., Voltaire, Friedrich II., Katharina der Großen. Männer sind von ihm so fasziniert wie Frauen, die Reichen und Mächtigen wie die Außenseiter, mit denen er so oft gemeinsame Sache macht. Dabei maskiert er sich mit immer neuen Identitäten - er nimmt den Titel Chevalier de Seingalt an, er betreibt Geheimwissenschaften, wird Begründer der französischen Lotterie, Spion, Bergwerksinspektor, Übersetzer, Schriftsteller, Bibliothekar. Und bleibt in allen Verkleidungen Spieler mit Geld und Menschen. 120 Frauen haben ihn entflammt - penible Historiker haben es nachgezählt und auch den Durchschnitt von drei Frauen pro Jahr, bis in sein 49. Lebensjahr, in dem seine Memoiren enden, errechnet. Das schöne Spiel, sie zu gewinnen, ist ihm wichtiger als der Gewinn selbst, den er riskiert, verzettelt, weitergibt. Viele Frauen verlassen ihn als erste, er registriert es gelassen.

Bocca di leone – der Briefkasten der Verleumdungen – diente der anonymen Anzeige und Beschuldigung.

Die Maler Gabriele Bella (oben) und Canaletto (unten) verewigten die Feste und den Alltag im Venedig Casanovas.

Witz und Klugheit faszinieren ihn mehr als Schönheit. Das geistreiche Gespräch ist sein eigentliches Lebenselixier. Als er mit sechzig, als Bibliothekar des Grafen Waldstein, nach Dux in Böhmen kommt, und nur wenige gleichwertige Gesprächspartner findet, schreibt er die Geschichte seines Lebens und seiner Zeit auf. 4500 Seiten, die nur einen Teil seiner Biographie umfassen. Bei einer seiner Reisen hatte er Lorenzo da Ponte kennengelernt, der gerade am Libretto für Mozarts Don Giovanni arbeitet. Casanova schreibt auch über dieses Thema - zwei Seiten. Die düstere, eindimensionale Leidenschaft des Don Juan - das war eine ganz andere Geschichte als die seine.

GIACOMO CASANOVA

Er wird in eine bewegte Zeit hineingeboren: 1725 in Venedig, und er stirbt 1798 in Dux, in Böhmen. Dazwischen liegt ein Leben voller Abenteuer, nicht nur in erotischer Hinsicht. Casanova begegnet vielen Mächtigen seiner Zeit, Fürsten, Priestern, klugen Geistern und versteht sie durch Charme und Intellekt für sich einzunehmen und seinen oft zwielichtigen Geschäften geneigt zu stimmen. Venedig, das ihn ausstieß, macht ihn schließlich zum Geheimagenten. Das Manuskript seiner berühmten Memoiren, die gleichzeitig eine scharfsichtige Schilderung seiner Zeit sind, wurde vom deutschen Verleger Brockhaus 1821 angekauft und veröffentlicht. Aber erst 1960 wurde der bisher entstellte und verwässerte Text in seiner authentischen Fassung publiziert.

Die Macht bestimmte in Venedig die Architektur. Und je älter und schwächer Venedig wurde, desto düsterer und schwerer gerieten die Häuser der Mächtigen.

Die Seufzer der Gefangenen imprägnierten die Brücke zwischen Dogenpalast und Gefängnis.

S. 24/25: Ein Wunderwerk der Statik: Gegen alle Gesetze der Schwerkraft ruht der massive Oberbau des Dogenpalasts auf grazilen Säulen und Bögen. Gegenüber öffnet sich Sansovinos machtvolle Bibliothek zur Piazzetta.

DIE SCHIMMERNDEN SCHÄTZE

Der irrealste Platz der Welt: die Piazza San Marco.

Die Piazza San Marco wiederlegt eine atavistische Angst: daß ein Abbild die Seele stehlen könnte. Kein Platz der Welt wird seit so langer Zeit so oft gemalt, gezeichnet, fotografiert, gefilmt, in Augenpaaren gespiegelt. Aber wenn die Sonne sinkt, scheinen die feuchten Schatten alle Versehrungen fremder Blicke hinwegzunehmen. Und am nächsten Morgen steigt die Piazza geheimnisvoll erneuert aus den Nebeln der Nacht. An ihrer fremdartigen Schönheit scheinen Begeisterung und Unverständnis, Irritation und Aggression abzugleiten. Und die Versuche, sie mit Worten zu erfassen. Vielleicht verliert das Unvergleichliche seine Bedrohung, wenn man darüber lachen kann. So mancher großer Geist flüchtete in Ironie. »Ich pflege mir die Facade zum Scherz als einen kolossalen Taschenkrebs zu denken.« So rettete sich Goethe beim Anblick von San Marco. Für Mark Twain war die Basilika »eine riesige, warzige Wanze, die nachdenklich spazierengeht«. Für Hemingway: »Ein Kinopalast in Hollywood.« Napoleon, der zwar Venedigs Macht zerstörte, vor seinem Geheimnis jedoch kapitulieren mußte, banalisiert die Piazza zum »schönsten Ballsaal Europas, würdig, den Himmel als Dach zu haben«.

Der älteste Teil Venedigs entstand auf den Inseln Rivo alto, dort, wo heute der Rialto steht. San Marco, das Herz der Stadt, entwickelte sich erst Jahrhunderte später.

Die Reise des Evangelisten Markus nach Venedig

Die Piazza San Marco ist die Piazza San Marco. Wer sich ihr behutsam und neugierig nähert, mag sie vielleicht als einen Ort entdecken, von dem aus man einen Blick ins Herz der Stadt tun kann. Bis ins 9. Jahrhundert war hier ein idyllischer Garten mit einer Kapelle, die zum Kloster San Zaccaria gehörten. Das pulsierende Zentrum der Stadt lag auf einer Inselgruppe um einen breiten Kanal, die damals Rivo alto hieß. Daraus wurde: Rialto.

Die Kapelle im Klostergarten war dem Heiligen Theodor geweiht, einem griechisch-byzantinischen Heiligen. Venedig stand damals noch unter dem Schutz von Byzanz. San Todaro, wie die Venezianer den Heiligen nennen, wurde von ihnen später zu einem seltsamen Säulenheiligen gemacht: Hoch oben über der Piazzetta steht er, mit einem unerklärlichen Krokodil an der Hand,

Seite 26/27: Die mächtigen Verwalter der venezianischen Reichtümer amtierten in den Prokuratien. Heute bieten sie jenen Kunst und elegante Rastplätze, die Geld nach Venedig bringen: den Touristen.

gleich neben dem geflügelten Löwen von San Marco. Das räumliche Nebeneinander bedeutete jedoch, in der Wichtigkeit für die Stadt, ein Nacheinander. Und wie San Marco zum Stadtheiligen wurde, ist eine für Venedig sehr typische Geschichte. Als Rivo alto, wo sich bereits die Händler vieler Länder trafen, zu eng wurde, pflanzten die Venezianer das Zentrum der Macht, den Dogenpalast, in den Klostergarten, gleich neben die Kapelle von San Todaro. Nun wurde die der neuen Bedeutung nicht mehr gerecht und mußte vergrößert werden. Das geschah in vielen Etappen, die immer wieder durch Brände unterbrochen wurden. In dieser Zeit zeichnete sich eine politische Neuentwicklung ab. Offiziell war Venedig noch immer eine Provinz des oströmischen Reichs. Klug, wie seine Diplomaten immer waren, erhielten sie die freundschaftlichen und handelspolitischen Beziehungen zu Byzanz auch aufrecht als dessen Macht zu schwinden begann. Innerlich hatten sie diese Bindung längst aufgekündigt.

Ein Evangelist als Schutzpatron der Stadt: Mit der Reliquie des Heiligen Markus schuf sich Venedig in seinen Anfängen Prestige.

Engel, Heilige und immer wieder der Markus-Löwe: Wächter der Basilika.

Bergpartien zu ebener Erde: Venedigs unzählige Stufen.

Um 828 entdeckten venezianische Kaufleute in Alexandria den Leichnam des Evangelisten Markus. Reliquien waren zu dieser Zeit das wichtigste Prestigeobjekt, mit dem eine Stadt ihre Bedeutung darlegte. Venedig hatte bisher nur San Todaro und den hatte es von Byzanz. Ein Evangelist, ganz und unversehrt, aus eigener Kraft in die Stadt geholt - das gab der nach Eigenständigkeit ringenden jungen Stadt eine Aura der Unangreifbarkeit. Die Kaufleute wußten, was es bedeutete, San Marco nach Venedig zu bringen, und sie wußten, wie schwer es sein würde. Aber sie hatten die Lektion jener ersten Flüchtlinge auf den Inseln gelernt, die dann zur Grundausstattung jedes Venezianers gehörte: Das Unmögliche ist möglich.

Also wurde der Evangelist in Schweinefleisch verpackt. Die muslimischen Hafenbehörden Alexandrias zuckten, wie erwartet, davor zurück, diese Ware zu berühren. San Marco war für Venedig gerettet. Und die neue Kirche neben dem Dogenpalast hatte ein Heiligtum, mit dem niemand konkurrieren konnte. Schleunigst wurde eine Legende in venezianischer Maßarbeit konstruiert: Markus, der Evangelist, predigte in Aquilea und wurde auf eine Insel verschlagen. Dort erschien ihm im Traum ein Engel, der mit den Worten: Pax tibi, evangelista meus - Friede dir, mein Evangelist Markus - die Gründung Venedigs ankündigte.

Beutestücke für eine Kirche

Nun folgte der Ausbau der Basilika, die dem Evangelisten den würdigen Rahmen geben sollte. Um 1094 nahm sie die Form an, die wir heute kennen. Sie hatte eine kühne technische Neuerung: Ziegelgewölbe statt der bisher üblichen Holzdecken, Basis des flirrenden Goldhimmels, der sich über die Reliquie wölbt. Die war allerdings inzwischen abhanden gekommen - was niemand weiter störte. Hauptsache, man wußte, daß sie im Besitz Venedigs war. Man fand sie schließlich und setzte sie erst 1811 unter dem Hochaltar von San Marco bei.

Reliquien waren die Statussymbole einer fernen Zeit: In der Schatzkammer von San Marco drängen sich heilige Fragmente.

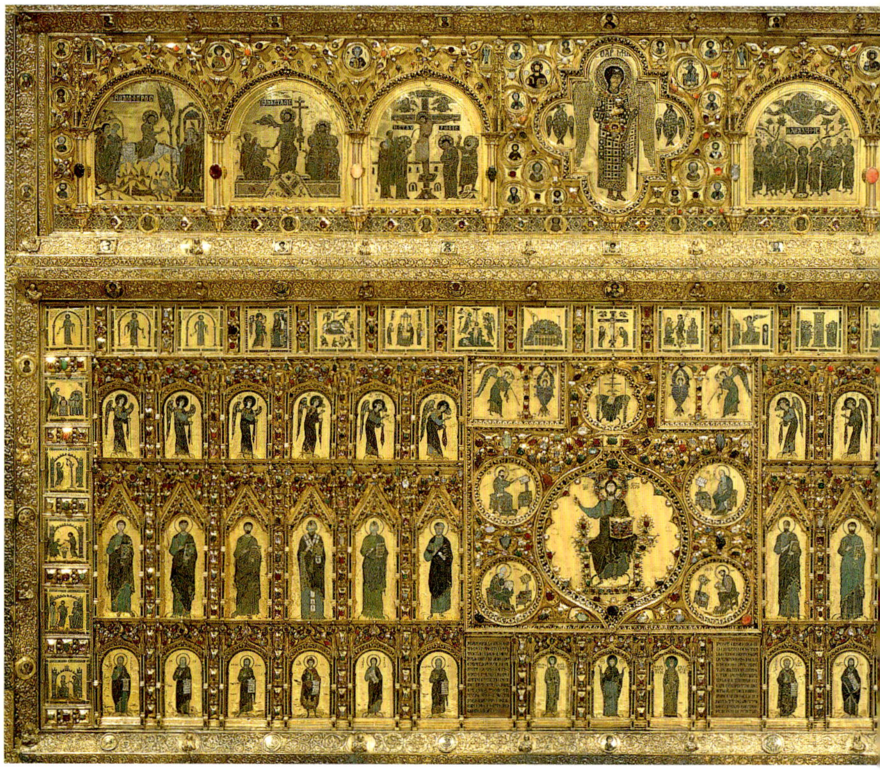

Das Lächerliche ist in Venedig sehr oft Nachbar des Erhabenen. Venedig hatte seine Basilika, aber es dauerte Jahrhunderte, bis sie geschmückt war. Jedes Schiff, das Fracht aus dem Orient brachte, lud auch antike Säulen, goldene Ikonen, gemeißelte Steinsäulen, Reliefs, Marmorverkleidungen für San Marco ab. Und weil viele Reliquien viel Ruhm für die Stadt bedeuteten, kamen ein Tropfen vom Blut Christi, ein Schädelfragment des heiligen Johannes, ein Stück vom Gewand des Herrn, Splitter vom Kreuz Christi aus dem Heiligen Land - als geistige Basis der Macht Venedigs. Eines der edelsten Kunstwerke der Basilika, die Pala d'Oro, der Schmuck des Hauptaltars, ist ein geniales Flickwerk aus gekauften und geraubten Teilen - auch wenn man das heute nicht mehr sieht.

Rückkehr der Pferde von San Marco 1815 – zeitgenössisches Gemälde von Vincenzo Chilone.

Die Kirche der Stadt wurde zur Schatzkammer und zur Trophäensammlung. Die spektakulärste Beute brachte die Eroberung Konstantinopels: die feingliedrigen Rosse der Quadriga. Diese römischen Plastiken schmückten das Hippodrom von Konstantinopel und wurden im Triumph nach San Marco gebracht. Von allen Schätzen waren sie die suggestivste Verkörperung

Die Pferde von San Marco – heute werden nur die Kopien dem Smog ausgesetzt.

venezianischer Macht. Nichts reizte die Feinde Venedigs so wie diese Pferde. Nichts demütigte Venedig tiefer als ihr Verlust: Napoleon ließ sie von der Empore von San Marco herunterholen und auf der Place du Carrousel in Paris aufstellen. Nach Napoleons Untergang gab Österreich, dessen Provinz Venedig geworden war, die Quadriga an ihren alten Platz zurück. Fast wäre sie in unserer Zeit Opfer des Smogs von Mestre geworden, der die vergoldete Bronze durchlöcherte. Was nun auf der Empore steht, sind Kopien.

Alles, was die Venezianer in ihrer größten und schönsten Kirche zusammentrugen, diente dem Ruhm der Stadt. San Marco war immer die Kirche des Dogen. Der Patriarch hatte weitab von San Marco, in San Pietro di Castello seinen Sitz. Veneziani, poi Cristiani - zuerst sind wir Venezianer und dann Christen. Und doch ist die Basilika, vom noch jungen, unverbrauchten Venedig geschaffen, ein Raum von magischer Spiritualität. Ein Raum, der Energien überträgt. Die Venezianer mochten sich hier vor allem selbst gefeiert haben. Aber sie ließen auch allen anderen Gedanken Platz.

Die »Pala d'Oro« am Altar von San Marco ist eines der kostbarsten Beutestücke der Venezianer.

Macht und Herrlichkeit der Dogen

Die Selbstverherrlichung durch die schönsten und besten Kunstwerke hatte aber noch einen handfesten, praktischen Aspekt: San Marco und seine Schätze wurden zur Schule des Sehens für Händler, Künstler, Handwerker der Stadt. Was sie im Laufe der Jahrhunderte daraus lernten, läßt sich in konzentriertester Form im Dogenpalast erkennen. Er ist eine Leistungsschau venezianischer Kunst aus dem triumphalen 16. und 17. Jahrhundert. Ein furchtbarer Brand hatte 1483 große Teile des alten Dogenpalasts zerstört und mit ihm unersetzliche Bilder Tizians, Bellinis, Carpaccios. Das neue Gesicht der Säle schufen vor allem Veronese und Tintoretto. Für den Saal des Großen Rats malte Tintoretto ein Kunstwerk in Megaformat: Il Paradiso, das Christus, die Heiligen, Engel und Evangelisten an einen Ort des politischen Kalküls herabbeschwört. In keinem anderen Regierungspalast gibt es inmitten von so opulenter Prachtentfaltung so viele Hinweise auf die Grenzen der Macht. Die Dogen, die in ihr Amt eingeführt wurden, schritten durch die Porta della Carta über jenen Platz, in dem einer von ihnen, Marino Falier, enthauptet wurde, weil er versucht hatte, die Patrizier zu entmachten. Ein schwarz

Der allmächtige Rat der Zehn war die gefürchtetste Instanz Venedigs. Gemälde von Gabriele Bella.

übermaltes Bild, in der Porträtreihe von sechsundsiebzig Dogen im Saal des Großen Rats, bringt ihn noch einmal in Erinnerung.

Mit jedem Verrat oder auch nur dem Verdacht eines Verrats, wuchs die Macht der beratenden Gremien, bis jener Rat der Zehn entstand, der unumschränkt über Leben und Tod bestimmen konnte. Der Doge, wie seine Familie, waren Gefangene des Staats, die Venedig nicht mehr verlassen durften. Wer wirklich das Sagen hatte, läßt sich von jenen prunkvollen Sälen ablesen, die die Namen wichtiger Instanzen tragen: Sala del Collegio, Sala del Maggior Consilio, Consiglio dei Dieci. Allein war der Doge nicht beschlußfähig. Nur ein paar Schritte über eine zierliche Brücke genügen, um in das Gefängnis mit seinen lichtlosen Zellen, den in der Hitze brütenden Bleikammern zu kommen. Es war sicher nicht nur praktische Erwägung, daß es so nahe am Zentrum der Macht liegt ...

Ein einsamer Fotograf war Zeuge, als der Campanile 1902 in den Morgenstunden zerfiel. Venedig hat ihn genauso wiedererrichtet, wie er war.

Gefängnis für erfolglose Architekten

»Das ganze Gold der Christenheit« ging einmal durch die Hände venezianischer Kaufleute. Geprägt wurde es in Sichtweite des Dogenpalasts, in der Zecca. Aber das Gold ist zerronnen, die Zechinen vertan. Heute ist die Zecca Teil der großen Bibliothek, einem robusten, gar nicht venezianisch wirkenden Renaissancebau. Der Florentiner Architekt Sansovino unterschätzte zunächst die Tücken des Baugrunds - das erste Gebäude brach zusammen. Sansovino kam ins Gefängnis - nichts ahndeten die Venezianer gnadenloser als Mißerfolg. Erst durch die Intervention Tizians und Aretinos kam Sansovino frei. Ein Relief hinter dem Hochaltar von San Marco, das die beiden verewigt, war sein Dank dafür.

Ein Fabeltier aus fernem Land wurde zum Wahrzeichen Venedigs: der Markus-Löwe.

Vor dem Haus der Bücher reckt sich der Campanile in die Höhe - der Leucht- und Glockenturm der Stadt, Ausguck auf heimkehrende Schiffe, Markierungspunkt für die Flotte. Und der Landeplatz für einen goldenen Engel, unter dessen Schutz sich Venedig stellte. Seit dem neunten Jahrhundert verband der Campanile Land und See, strahlte die Kraft der Stadt nach außen. Und dann, 1902, sank er eines Morgens still in sich zusammen. Ein Stück Venedig war müde geworden. Im Fallen enthüllte er ein Geheimnis: Ziegel mit römischem Stempel.

Der Campanile wurde wieder aufgebaut. Wo er war und wie er war, als ein Stück Identität der Stadt. Hinter den zurückhaltenden Fassaden der Prokuratien, die die Piazza begrenzen, arbeiteten die unauffälligen und wichtigen Verwalter venezianischen Besitzes. Die alten Prokuratien, auf der Seite des Uhrturms, haben eine graziler strukturierte Fassade; die neuen, gegenüber, sind robuster. Abends, wenn sie wie von innen zu leuchten beginnen, ist ihre Schönheit am größten.

Der napoleonische Trakt, gegenüber von San Marco, bildet den Abschluß der Piazza. Inmitten seiner kühlen, klassizistischen Pracht, ist der Zugang zur Bildersammlung des Museo Correr. Hier schauen die Menschen uns an, die diese Piazza schufen und belebten, ihre Schätze sammelten und vergeudeten: Dogen und Damen, Händler und Kurtisanen.

Auf der anderen Seite der Piazza, am Uhrturm, hämmern zwei eherne Riesen die Zeit in eine Glocke, die davon schon tiefe Kerben hat. Taubenschwärme fliegen bei diesem Klang auf, das Knattern ihrer Flügel mischt sich mit der Musik einer verschollenen Zeit, mit der die Orchester der Cafés gegeneinander anspielen. Was ist Zeit in einer Stadt, in der seit tausend Jahren den Löwen Flügel wachsen...

Einst Sitz der Verwalter venezianischen Reichtums: die Prokuratien auf der Piazza San Marco.

TENDO QVÆ MEA SIT VITA IAM SVRGAM MORTE
INRI

SVPERNVM · PATRIBVS ANTIQVIS DIMISIS CHRISTVS

Ein orientalisches Fabeltier wurde in Venedig zum Löwen des Evangelisten Markus und zum Logo venezianischer Macht rund um das Mittelmeer.

Rast auf jahrhunderte-alten Säulen - bei aller Grandezza ist Venedig eine Stadt der Improvisation.

Seite 34/35: Orient und Okzident haben ihren Treffpunkt in San Marco. Gleißendes Mosaik, üppiger Figurenschmuck und mächtige Kuppeln vereinen byzantinische Opulenz und venezianischen Eklektizismus.

Die Tauben von San Marco - Attraktion und Gefahr für den alten Stein.

Die Dogen als Schaufensterpuppen - Modedesigner spielen ironisch mit alten Herrschaftsymbolen.

Die Piazza - eine Welt für sich, weit mehr als »der schönste Ballsaal Europas«.

Schön wie ein antiker Schuh - die Gondeln sind Fortbewegungsmittel und Schmuck.

Venedig war immer ein weltoffener Markt für Mode - er ist es bis heute geblieben.

Thomas Mann und seine Novelle »Tod in Venedig«

Wenn man über Nacht das Unvergleichliche, das märchenhaft Abweichende zu erreichen wünscht, wohin ging man?« Für Aschenbach, den Thomas Mann mit den Zügen Gustav Mahlers und soviel eigenen uneingestandenen Sehnsüchten ausstattete, gibt es nur eine Antwort: Venedig. Er wünscht sich einen sanften, sandigen Strand, prüft gewissenhaft, ob er sich Begeisterung, Verwirrung, Abenteuer des Gefühl zumuten kann. Aber nichts ist in Venedig kalkulierbar. Abgestoßen von einem würdelos geschminkten alten Mann, erschlafft durch den Schirokko, angewidert vom »beutelschneiderischen Geschäftsgeist der gesunkenen Königin« begegnet er der vollkommenen Schönheit in Gestalt eines Vierzehnjährigen - Tadzio. Wie er ihn mit Blicken umkreist, alles über ihn erfahren möchte und - erschrocken über sein Interesse - zurückweicht! Aschenbach, »dem nichts am Genuß liegt«, macht einen Fluchtversuch, will die Stadt verlassen. Aber es ist bereits zu spät. Auf der Fahrt zum Bahnhof lockt die »fürstliche Anmut« der Piazetta. Auch dem fauligen Geruch von Meer und Sumpf ist er bereits verfallen. Was für eine Begegnung: Venedig, die Stadt des Irrealen und Aschenbach, der Mann, der »mit geschlossener Faust lebt«. Die Cholera ist in der Stadt und Aschenbach ahnt es. Aber er kehrt zurück zu Tadzio, in die Stadt, die seine Abwehr in Hingabe - bis in den Tod - verwandelt. Venedig reißt seine Seele auf und schickt ihm den Traum vom

San Marco mit dem Uhrturm – kolorierte Fotografie aus dem Jahr 1895.

»Tod in Venedig« ein Meisterwerk des Filmgenies Luchino Visconti mit Dirk Bogarde,Silvana Mangano und Björn Andresen als schönem Knaben Tadzio.

Riva degli Schiavoni – hier legen, wie zu Zeiten von Thomas Mann, die Schiffe zum Lido ab – kolorierte Fotografie aus dem Jahr 1895.

»fremden Gott«, der Angst und Lust zuläßt, Ekstase und Entgrenzung. Aschenbach verrät den Asketen in sich, er läßt sich Alter und Erschöpfung überschminken, im Labyrinth der kranken Stadt, zwischen Unrat, an die Zisterne gelehnt, weiß er auf einmal, daß Dichter in die Irre gehen müssen. Tadzio, der schöne Knabe, verklärt sein Ende, ohne ihm je nahegekommen zu sein. Venedig läßt Aschenbach die Fäuste öffnen, die Arme heben. »Es war eine bereitwillig willkommen heißende, gelassen aufnehmende Gebärde.«

Thomas Mann schrieb »Der Tod in Venedig« 1912. Der damals 37jährige Schriftsteller kam von der Insel Brioni, deren steile Küste ihm ebenso mißfiel wie seinem Helden Gustav Aschenbach. Er sehnte sich nach den flachen Ostseestränden seiner Kindheit und fuhr an den Lido mit seinen Sandstränden. »Tod in Venedig« enthüllt sehr viel seiner persönlichen Neigungen und Antipathien. Auch die Begegnung mit dem schönen Knaben Tadzio hatte tatsächlich stattgefunden, und Katja Mann bestätigte sogar, wie sehr er ihrem Mann »in die Augen gestochen habe«. Und er macht in dieser Novelle seine eigenen Neigungen sichtbar, von denen er sich später moralisierend distanziert. Der Knabe, der so starke Gefühle auslöst, wird zum Symbol der Schönheit verharmlost. Und der Dichter desavouiert sein Werk, in dem er es »stramm moralisch« nennt.

Das Pflaster von San Marco zeigt ein eindrucksvolles graphisches Muster, dessen Strenge sich gegen die Opulenz der umgebenden Architektur behauptet.

Eine goldschimmernde Höhle voller geraubter Schätze - und doch ein Raum, der zu Versenkung und Meditation einlädt: das Innere von San Marco.

Musik einer verflossenen Zeit vor den Cafés auf der Piazza. Operetten, Walzer und Verdi, Johann Strauss und Wagner im süßen Kaffeehaus-Sound.

Seite 46:
Café Florian - durchtränkt vom Duft des ersten Kaffees in Europa, von Rosenlikör und Schokolade und vom Lachen der Jahrhunderte.

Eine goldschimmernde Kassette der Geborgenheit: Café Florian auf der Piazza.

Die Arkaden der neuen Prokuratien wölben sich über den Kaffeehaustischen. Im Sommer halten weiß-graue Segel die Hitze ab.

Die Riva am Hafenbecken läßt die Weite ahnen, die Venedig sich schon so früh mit seiner Flotte erschloß.

Die Nächte Venedigs sind still und geheimnisvoll. Nur wer das Nachtgesicht Venedigs kennt, versteht auch seine gleißende Tagesschönheit.

DIE STILLEN UND DIE LAUTEN FESTE

Ein kleiner Campo bei Santa Maria dei Miracoli. Aus den Fenstern schauen Neugierige, winken den Kindern, die sich rund um ein Podium sammeln und den Erwachsenen, die Tische mit Imbissen, Wein, Kuchen, Kaffee und Schokolade aufstellen. Eine Kapelle spielt einen schnellen, tänzerischen Marsch, Bersaglieri mit grünschillernden Hahnenschwänzen auf den Helmen rennen im Takt auf den Platz. Und dann Tusch: für die Fee Befana. Das ist die häßliche, aber freundliche Hexe, die Geschenke für Kinder bringt - Bescherung auf venezianisch am Dreikönigstag. Eines der vielen kleinen Feste, die sich die Venezianer bereiten und die die Gemeinschaft eines Campo verstärken. Touristen entdecken sie nur durch Zufall, als Gäste sind sie willkommen.

»Andar per le sconte« nennen die Vernezianer ihre Neigung, sich im Gassenlabyrinth zu verflüchtigen, wenn die Touristenmassen über sie hereinbrechen.

Die großen Spektakel folgen bald darauf und erfüllen Venedig mit Musik und Tanz. Aber der Karneval erfaßt nicht die ganze Stadt. Die konservativen Venezianer weichen den lauten, turbulenten Festen aus, die ihnen die Stadt enteignen. Sie feiern lieber zu Hause, im Bereich ihres Campo, in der Trattoria der Nachbarschaft, in den stilleren Vierteln. Dort gibt es vor allem Feste für Kinder, Maskenkonkurrenzen, Geschicklichkeitsspiele, improvisiertes Theater. Am Palmsonntag, ehe der große österliche Besucherstrom kommt, feiern die Pfarrsprengel ihre Feste, mit feierlichen Messen, in die Gläubige aktiv einbezogen sind, mit Palmweihen und Prozessionen durch ihr Stadtviertel. Santa Maria Formosa ist eine der Kirchen, wo der Palmsonntag besonders festlich gestaltet wird.

Vom Bucintoro aus, dem Staatsschiff Venedigs, erfolgte die Vermählung Venedigs mit dem Meer, durch einen Ring, den der Doge in die Lagune warf – kolorierter Kupferstich, um 1700.

Venezianische Bootsfeste – Bucintoro, Vogalonga, Regata Storica

Das größte Fest der Stadt existiert nur noch in Erinnerung und in Bildern: die Vermählung Venedigs mit dem Meer, am Sonntag nach Christi Himmelfahrt. Es muß ein unglaubliches Erlebnis gewesen sein - die Ausfahrt des goldstarrenden Staatsschiffs Bucintoro mit dem Dogen, der als Zeichen der ewigen Verbundenheit Venedigs mit dem Meer einen kostbaren Ring ins Wasser der Lagune wirft.

Auch dieses Fest hat Napoleon beendet, der Bucintoro wurde zerstört, nur ein paar Trümmer davon überlebten im Museo Navale.

Seite 52/53: In allen Gassen ist Karneval.

Schwarz sind die Gondeln erst seit einem Erlaß der Serenissima 1526.

Aber Venedig ließ sich seine Bootsfeste nicht nehmen, sie leben in anderer Form weiter. Als Vogalonga zum Beispiel, dem Bootsmarathon im Mai, der von San Marco zu den Inseln und zurück durch die ganze Stadt geht, durch die für den übrigen Verkehr gesperrten Kanäle. Es gibt kaum Venezianer, die nicht zumindest Zugang zu einem Boot haben. Und die vom Wasser aus an den typischen Festen der Stadt teilnehmen. Eines der ältesten Feste dieser Art ist Redentore. Es wird am dritten Sonntag im Juli, mit einem Hochamt in der Erlöserkirche Palladios, auf der Giudecca gefeiert. Die Kirche, ein monumentaler, feierlicher Bau mit schlanken Türmen, wurde zum Dank für das Erlöschen der ersten großen Pestepidemie gebaut. Früher zog der Doge über eine Schiffsbrücke von den Zattere zur Giudecca. Heute feiern die Venezianer Redentore vor allem mit einem großen Bootskorso nach dem festlichen Abendessen. Zunächst sammeln sich die Boote im Hafenbecken von San Marco. Bekannte werden begrüßt, man trinkt, genießt das große Feuerwerk um Mitternacht. Danach schwärmen die Boote in die Lagune aus. Auf den Inseln wird Fisch gebraten oder ein Picknick mit mitgebrachter Ente, dem typischen Festessen, veranstaltet. Im Morgengrauen endet das Fest in den Bars am Lido.

Die schönsten und typischsten Feste Venedigs erlebt man vom Boot aus – seit jeher feiern die Venezianer am liebsten am Wasser.

Am dritten Sonntag im Juli feierte Venedig mit einer Prozession die Erlösung von der Pest 1576. Gemälde von Joseph Heintz d.J., 17. Jahrhundert.

Das bunteste, bewegteste Fest Venedigs ist die Regata Storica am ersten Sonntag im September. Zu keiner anderen Zeit kann man den Canal Grande so erleben, wie er sich in der Blütezeit Venedigs präsentiert haben mag: Die Palazzi und Brücken sind mit Fahnen und Transparenten in subtilen Farben geschmückt, venezianische Musik kommt aus allen Ecken, Gondellieder werden gesungen. In geschmückten Booten und von der Landseite treffen die Zuschauer ein und drängen sich am Ufer und auf den Tribünen. Einlauf ist bei der Ca' Foscari, der heutigen Universität. Dort sind auch die besten und teuersten Plätze. Geschmückte Boote mit Ruderern und Passagieren in Renaissancekostümen machen den Anfang des langen Festes, das in der Hitze des Nachmittags beginnt und bis in die Morgenstunden dauert. Die große Regatta erinnert an die venezianische Patrizierstochter Catarina Cornaro. Sie war durch Heirat Königin von Zypern, aber bald darauf wurde ihr Mann vergiftet, ihr Sohn starb - nicht ganz zufällig, vermutete man in Venedig. Catarina Cornaro kehrte zurück, ging in Asolo

Auf der Burg von Asolo, inmitten eines gelehrten Hofstaats, lebte die Patriziertochter Catarina Cornaro, der Venedig Zypern verdankt.

Starke Frauen zeigten schon im 18. Jahrhundert bei einer Gondelregatta ihre Kraft. Gemälde von Gabriele Bella aus der 1. Hälfte des 18. Jahrhunderts.

ins Exil. Venedig behielt Zypern. Und feierte den Landgewinn mit einer Regatta ...

Als nächstes kommen opulent geschmückte Prunkschiffe mit einem Gewimmel gold- und silberbemalter Wassergötter. Welcher Kontrast: Danach gleiten Gondeln im puristischen Schwarz heran, mit Vertretern alter venezianischer Familien, die von Gondolieri mit Goldschärpen gerudert werden. Kinder in schmalen kleinen Rennbooten und Frauen, die zu zweit und stehend rudern, leiten die Konkurrenzen ein. Und schließlich der Höhepunkt: die Regatta der gondolini, windschnittiger Gondeln in grellen Farben. Die Gondolieri sind die wahren Stars dieses Fests. Mit ihnen feiert Venedig die Wendigkeit, die Intelligenz, die zum Überleben in der Lagune nötig waren. Die Matadore sind erfahrene Männer, die ihre halb so alten Konkurrenten durch Zähigkeit und ausgefeilte Taktik überrunden. Die Preise, die sie gewinnen, sind nicht groß - ein Pokal, ein lebendes Ferkel, Küsse, Blumen. Aber auch die Gewißheit, ein Jahr lang der wendigste und schnellste dieser Stadt zu sein. Nach dem Gondelrennen beginnt das große Fest für alle, mit einer Fahrt über den Canal Grande, zum Rialto und durch das Netzwerk der Kanäle zu einem Campo mit freundlicher Trattoria.

Schon als Kind lernen die Inselbewohner, ein Boot zu steuern. Die Balance auf schwankendem Grund gehört zu den wichtigsten Erfahrungen aller, die in der Lagune aufwachsen.

Die schönste Wasserstraße der Welt

Nie sehen die Fassaden der Palazzi so imposant aus wie aus der Bootsperspektive. Canalozzo nennen die Venezianer die Einheit des Canal Grande und seiner Palazzi. So verschieden sie auch sind, sie übertrumpfen einander nicht, jedes Gebäude ist auf seine Weise eindrucksvoll. Alle waren sie dem Geschäft und der Repräsentation gewidmet: Der Kai mit den Pfosten in den Hausfarben diente auch der Entladung von Waren, die im Magazin im Erdgeschoß gespeichert wurden. Oberhalb liegt der große Saal mit den kostbaren Kunstschätzen. Der Nukleus venezianischen Reichtums war der Rialto: die Zentrale des Handels, die erste Bank, die erste Börse der Welt.

Nur ein paar Juweliere erinnern noch an den alten Reichtum, der Markt ist populär geworden, in den Ländern der Rialtobrücke werden vor allem Touristen-

Gondeln - nicht nur für Touristen und Patrizier. Gondeln bilden auch einen Fährdienst dort, wo keine Brücken sind.

wünsche bedient. Dunkel und mächtig wölbt sich der Brückenbogen über den schmalen durchfahrenden Booten. Über die Schönheit dieser Brücke ist viel diskutiert worden - sie sei grobschlächtig und unelegant. Aber nicht alles, was auf diesem Markt geschah, war fein und zart. Die robuste Rialtobrücke ist ein Geschöpf dieses Markts.

Zwischen Juni und September holt die Biennale alle zwei Jahre Künstler und Intellektuelle in die Giardini Pubblici. Die Kunstausstellung in den öffentlichen Gärten und das Filmfestival auf dem Lido sind zahm geworden. Längst sind die Skandale um schwülstige Bilder, avantgardistische Maler, nackte Filmstars, die ihre Anfänge begleiteten, vergessen. Aber der dunkle, kühle Park mit seinen historisierenden und modernen Pavillons, die Diskussionen über Kunst und Künstler, die Entspannung in den Bars und Restaurants der Umgebung sorgen für individuelle kleine Feste in der Hitze des Sommers. Gegen Ende des Jahres steht die Kirche Santa Maria della Salute im Mittelpunkt eines stillen, schönen Fests. Mit ihrem Bau wurde das Erlöschen der zweiten großen Pestepidemie gefeiert. Heute wird der Canal Grande zwischen Gritti und Santa Maria della Salute am 21. November mit einer Schiffsbrücke überspannt, über die Venezianer und Besucher vom Festland gehen, um die Kirche mit Kerzen zu schmücken. Der weite Barockbau schimmert in warmem Licht, Weihrauch und Herbstblumen duften. Die Venezianer statten der Madonna ihren Dank ab, und dann gehen sie zum traditionellen Festschmaus mit castradino-Hammelgerichten. Die Stadt wird dunkel, Nebel steigen auf. In den Kirchen klingen Vivaldimelodien. Palazzi, die sonst Fremden verschlossen bleiben, öffnen ihre Tore. Das Teatro Fenice lädt in sein rosa-goldenes Rund zu Opern und Konzerten. Das ist die Zeit der Individualisten, die für ihre Feste nichts als Venedig brauchen.

Umstritten und geliebt: der Rialto. Hier ist der älteste und noch immer geschäftigste Teil Venedigs.

Kirchen, Brücken, Gondeln - Quintessenz der Beständigkeit durch Flexibilität.

Seite 58/59: Das vibrierende Zentrum, der Rialto, ist der älteste Teil der Stadt. Hier siedelten die Flüchtlinge vom Festland, um aus Inseln eine Stadt und aus der Stadt eine Weltmacht zu machen.

Moto ondoso ist der große Feind der Gondolieri - die Bugwelle der Motorboote, die die leichten Gondeln gefährdet.

Santa Maria della Salute - nach dem Erlöschen der zweiten Pestepidemie erbaut - ist noch heute Ziel frommer Wallfahrten.

Mitte und unten:
Die schönste Hauptstraße der Welt - die Venezianer nennen den Canal Grande »canalozzo«, Kanal mit Palazzi.

Das friedliche Miteinander von Gondeln, Transportkähnen und Motorbooten läßt nicht ahnen, wie hart der Überlebenskampf der leichten Gondeln ist, die zwar wendig um die schmalen Kurven steuern, aber leicht durch Bugwellen aus dem Kurs kommen.

Seite 66/67:
Viele Paläste des Canal Grande sind nicht mehr in privater Hand. Aus dem Palazzo Gritti wurde eines der schönsten und elegantesten Hotels der Stadt.

Carnevale

Es war Napoleon - »der tausendäugige Sohn der Wirklichkeit«, wie ihn Egon Friedell nannte, der dem venezianischen Karneval ein Ende bereitete. Venedig war ihm schon ohne Maske unheimlich genug. Das unkontrollierbare Treiben in den dunklen Gassen widersetzte sich jeder Ordnung einer Besatzungsmacht. Damit endeten jene rauschhaften Feste, die das Ende der Republik begleiteten. Im 18. Jahrhundert wollte der venezianische Karneval kein Ende nehmen, er begann im Oktober und dauerte bis zum Aschermittwoch. Zweihundert Jahre blieben dann die Winter in Venedig dunkel und still, die Lust am irrealen Spiel mit Kostüm und Maske war erloschen. Und dann wagten Theaterleute 1979 ein Experiment mit ungewissem Ausgang. Mit Musik und Gefolge ließen sie einen Teufel und einen Engel durch die Gassen Venedigs schlendern, um von Arlecchino, dem unsterblichen Spaßmacher der Commedia dell' arte, zu erzählen. Und von den Verwandlungen, die dem Alltag Würze gaben. Und schon wagten sich die ersten Masken aus dem Dunkel der Stadt und begannen zu tanzen. In den nächsten Jahren verzauberten und verfremdeten Regisseure und Bühnenbildner die Stadt mit schwimmenden Türmen, Tauben, aus denen Gold regnete, Fesselballons, phantastisch aufgetakelten Booten. Ein Spinnennetz schwebte über die Tanzenden der Piazza herab und fing ihren Übermut, ihre Sinnlichkeit ein. Der Fischzug gelang. Seitdem lebt der Karneval wieder mit großen Spektakeln bei dröhnender Musik und bei kleinen, intimen Festen, die einander die Bewohner versteckter Viertel bei Wein und fritelle, dem rosinendurchsetzten Karnevalsgebäck, geben. Künstler gestalten traditionelle und phantastische Masken. Die Venezianer entdecken die Kostüme des Rokoko und der Commedia dell' arte aufs neue. Ganze Clans schlendern traumverloren durch eine Stadt, deren Topographie sich so leicht in Tanz und Bühnenauftritt umsetzen läßt. Bauern vom Festland und Transvestiten in Revuekostümen, höchst irdische Mönche und

Maler waren schon seit jeher vom venezianischen Karneval fasziniert (oben: Wandbild im Café Quadri. Unten: »Carneval« von Jean Noel Duveau).

Choreographie des Augenblicks: Venedigs Masken inszenieren sich selbst.

DIE MASKEN

Als nach fast zweihundert Jahren der Stille der Karneval Venedigs wieder auflebte, stiegen auch die Figuren der Commedia dell' arte aus ihrem langgehüteten Versteck. Und mit ihnen kam die alte Kunst der Maske zu neuen Ehren. Arlecchino, der teuflische Spaßmacher, trägt eine schwarze Maske zum bunten Flickengewand und dazu hörnerartige Beulen. Dottore, der geschwätzige Doktor, versteckt sich hinter einer langnasigen Maske, die ihn vor der Pest schützen sollte. Die kokette Colombina trägt eine glatte weiße Maske, hinter der sie ihr ausdrucksvolles Mienenspiel verbirgt. Und Pantalone der ewig Betrogene, ist auch maskiert tölpelhaft und häßlich. Sie alle wirbeln durch den venezianischen Karneval als die heiteren Geister des ewig Menschlichen.

Nonnen, Athleten, Pantomimen, Musiker, Marionettenspieler, Hunde im Renaissancekostüm und Kinder mit Mickymausköpfen wirbeln durcheinander. Ganz zart und behutsam beginnt der Karneval im Januar. Ab Giovedi grasso, dem »fetten Donnerstag« vor dem Aschermittwoch, kommen die Touristenströme, am Sonntag steigert sich das Karnevalsgetriebe zum Crescendo. Die Stadt stampft und schwingt, an den Brücken stauen sich die Massen, die Vaporetti fahren überfüllt an den Stationen vorbei. Nur in den entferntesten Winkeln und auf den Inseln läßt sich noch Platz zum Feiern finden. Aber zum Karneval gehören die Enge, die Wärme, Rausch und Ekstase, um die Kälte des Winters auszutreiben. Ab Aschermittwoch kann Venedig wieder sehr kalt sein.

Der Karneval Venedigs lebt von Kontrasten, Überraschungen, ungewöhnlichen Begegnungen.

Venedigs Künstler haben es schwer, gegen die großen Namen der Vergangenheit anzukämpfen - aber im Karneval ist ihre große Zeit. Da entfalten sie ein zauberisches Szenario der Phantasie und der dämonischen Schönheit. Traditionelle Dreispitze, die hohen Hüte der Pestärzte, florale Gebilde schmücken die Masken, die sich so gerne der Kamera zeigen.

Tüll und Pailletten, Samt und Brokat flirren im Hell-Dunkel der Karnevals-Nächte. Und immer bleibt das Gesicht verhüllt, starr, in ewigem Lachen oder Weinen versteinert.

Selten sind Opern-
inszenierungen so
aufwendig ausgestattet
wie venezianische
Karnevalsgruppen.
Meist haben sie ein
gemeinsames Thema,
das sie phantasievoll
variieren.

Zum Denkmal ihrer selbst erstarren die schönsten Figuren, selbstvergessen, aber stets in bester Position zur Kamera.
Die sensationellsten Kostüme werden häufig von Transvestitengruppen getragen.

Auch die Venezianer spielen immer - wer es weiß ist klug. Auf improvisierten Bühnen und Postamenten ersteht die Welt Goldonis wieder auf. Und nach Spielschluß gehen die kleinen Komödien im Publikum weiter.

Das Einhorn hat es an die Lagune verschlagen - sein Zauber verdoppelt sich in der Stadt, die das Unrealistische zum Prinzip erhebt.

Bautta heißt die weiße Maske, die zum höfischen Rokokokostüm und dem Dreispitz getragen wird. Meist verbergen sich darunter venezianische Patrizier.

DAS VENEDIG DER VENEZIANER

Der Campo ist die kleinste Einheit venezianischen Zusammenlebens: einer der Plätze, zu denen sich die engen Gassen ausweiten. Sie öffnen sich meist rund um eine Kirche, Palazzi, die Trattoria, eine Bar, ein paar Läden und Wohnhäuser. Der Campo, oder der kleinere Campiello bieten noch immer jene Geborgenheit, Vertratschtheit und das soziale Netz wie zu Goldonis Zeiten. Hier treffen einander die Nachbarn zu einer ombra an der Bar - das kühle Glas Wein, das seinen Namen vom Schatten des Campanile hat, wo man einander in der heiβen Zeit traf. Hier naschen sie cicchetti, pikante Kleinigkeiten, wie Sardellen, Oliven, Käse, Prosciutto. In der Trattoria werden die familiären Feste gefeiert, in die die Nachbarn einbezogen werden. Wenn einer, den man erst gestern an der Bar gesehen hat, fehlt, beginnt man ihn zu suchen. Keiner lebt hier unbemerkt. Das hat nicht nur Vorteile. Die Venezianer entwickeln eine hohe Kunstfertigkeit, im Winkelwerk der Gassen, in dunklen Passagen zu verschwinden, um unerwünschte Begegnungen zu vermeiden. Vor allem aber die ausgeschilderten Trampelpfade des Tourismus meiden sie in der immer länger werdenden Saison. Wenn die Touristen bei ihren Fixpreismenus sitzen, tauchen die Venezianer wieder auf und sammeln sich an ihren Lieblingsplätzen, wie dem Campo San Bartolomeo oder dem Campo Santa Margherita. Die jungen Venezianer haben hier ihre Treffpunkte, wo das Programm des Abends besprochen wird.

Nicht nur die feudale Architektur der Palazzi, auch die anonyme Architektur einfacher Häuser und Brücken hat Würde und Schönheit.

Raum ist in Venedig ein kostbares Gut, Gärten und begrünte Fassaden sind eine Seltenheit.

Begegnungen

Gelassenheit und Findigkeit, die sie im Umgang mit den Widrigkeiten ihrer Geschichte trainierten, helfen ihnen auch heute, die bella figura, die tadellose Haltung aufrechtzuerhalten. Auch wenn überlastete Kellner in der Hauptsaison das zu widerlegen scheinen: Die meisten Venezianer sind - wie alle guten Kaufleute - höflich und kontaktbereit. Wenn es gelingt, einen Venezianer nach dem Weg zu fragen, geht er meist ein Stück des Weges mit, gibt Tips für eine gute, unauffällige Trattoria, lokale Feste, seriöse Läden. Wer bei aqua alta, dem Hochwasser, auf einem der schmalen Stege balanciert, wird von Venezianern

Die Osteria ist das soziale Zentrum venezianischer Plätze – hier werden Informationen getauscht, Feste gefeiert und die Nachbarn beobachtet.

Seite 80/81: Einen Ausgang zu einem Kanal haben fast alle venezianischen Häuser – das eigene Boot ist in dieser Stadt eine Notwendigkeit.

Eine vielerorts verschollene Höflichkeit und Rücksichtnahme gedeiht in der Stadt ohne Autos.

Das Wasser, einst Venedigs Schutz, wird immer bedrohlicher, 1966 versank die Stadt fast in einer Sturmflut. Seit 1981 gibt es ein umstrittenes Schleusenprojekt, das die Eingänge der Lagune verschließen soll.

meist Rücksichtsnahme, höfliches Zurücktreten an Engstellen erleben. Eine Stadt ohne Autos hat sich noch jenes natürliche Gefühl für ungepanzerte Nähe bewahrt, die den Umgang so leicht und angenehm macht.

Die Venezianer haben immer fremde Gäste gehabt, das macht sie offen für fremde Gedanken und Meinungen. Wer diese Offenheit allerdings mißbraucht, wird mit schneidender Kälte konfrontiert. Daß Menschen von so ausgeprägter Individualität heute vom Massentourismus leben müssen, führt zu Brechungen ihrer so lange kultivierten Gastlichkeit. Halbtagstouristen, die Venedig mit den Abfällen ihrer mitgebrachten Lunchpakete verschmutzen, Riesengruppen, die gedankenlos die fragile Schönheit einer gefährdeten Stadt devastieren, lassen immer wieder den Wunsch nach einem limitierten Zugang laut werden. Realisiert wird er wohl niemals werden, das wissen die Venezianer selbst am besten.

Brücken und Boote sind die wichtigsten Behelfe der Kommunikation in dieser Stadt im Wasser.

Die grundlegende Höflichkeit der Venezianer steht nicht im Widerspruch zu einer großen Selbstgewißheit, die manchmal an Rechthaberei grenzt. Aber die Venezianer mußten immer in mehreren Wirklichkeiten leben: der eigenen und der ihrer jeweiligen Handelspartner. Und ihre eigene war bei weitem die komplizierteste. Sie lebten durch Jahrhunderte aufs engste mit der Natur verbunden und sind es heute auf eine äußerst zwiespältige Weise. Sie leiden unter den Zerstörungen durch die übermächtige Industrie, so nahe der Stadt. Aber sie wollen nicht gerne wahrhaben, daß die Selbstreinigungskraft der Lagune erschöpft ist. Unverdrossen baden sie auch vor den Inseln der Laguna morte, der dem Festland näheren Lagune, in der sich die Schadstoffe immer mehr konzentrieren. Unbeirrt werfen Fischer vom Molo ihre Angeln aus und tragen die Aale nach Hause, die inmitten von Unrat und Ölresten überlebten. »Aber die Flut schwemmt doch alles wieder in die Adria«, heißt es dann. So haben sie schon lange gelernt, mit Widersprüchen zu leben. Wie sollten sie sonst das Dilemma ertragen, daß die Petrochemie die Stadt gefährdet - und so vielen von ihnen Arbeit gibt. Und daß es mit dem Massentourismus nicht anders ist.

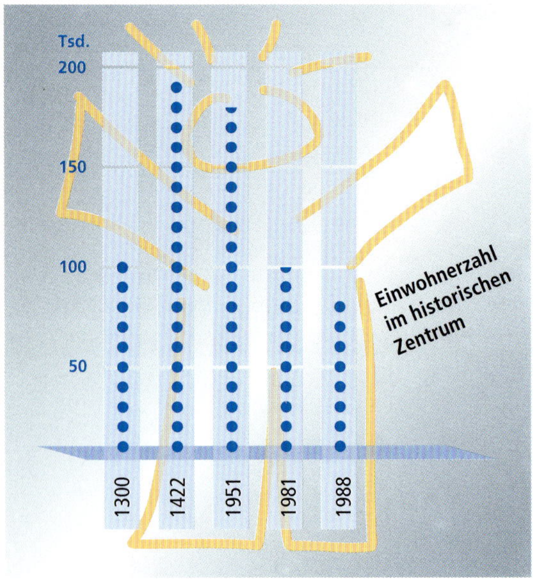

Wohnsitz Venedig

In Venedig zu wohnen, wird immer schwieriger. Spekulanten kaufen Häuser auf, restaurieren sie oberflächlich und verlangen ein Vielfaches der ursprünglichen Miete. Das treibt viele hinaus aus der Stadt, wo es helle, trockene Wohnungen gibt, in der Nähe der Arbeitsplätze von Mestre oder Marghera. In Venedig bieten fast nur noch der Fremdenverkehr und der Handel eine Existenzgrundlage. Aber die Verbundenheit mit der eigenen Stadt ist unglaublich stark und tief. In Festen, die fast ausschließlich den Venezianern zugänglich sind, wie Redentore, feiern sie auch ihren Stolz auf das einmalige Venedig.

Die Märkte sind die Plätze, auf denen sie ihn kulinarisch ausleben können. Wenn »nostrani« beim Angebot von Tomaten, Artischocken oder Erbsen steht, dann heißt das, daß sie von den Inseln der Lagune, meist von den Gemüseinseln Le Vignole oder Sant'Erasmo kommen. So stolz sind sie darauf, daß bei der großen Regata Storico im September, die Gemüsebauern mit eigenen Booten kommen. Angeblich war das der Ursprung dieses Bootsrennen: Die Gemüsebauern ruderten um die Wette, wer seine Ware als erster am Rialtomarkt entlud. Wie Preziosen werden Obst und Gemüse am Rialtomarkt präsentiert, mit einer Differenziertheit, die manchen Produkten, wie den Artischocken, in jedem Stadium der Reife einen anderen Namen gibt. Die Pescheria, der Fischmarkt, spiegelt in seiner Vielfalt typisch venezianische Eßgewohnheiten. Fisch war ja seit jeher das wichtigste Lebensmittel der Inselbewohner. In der Lagune viva, bei Pellestrina, werden nach uralten Methoden Fische und Meeresfrüchte gezüchtet. Von hier kommen jene winzigen Meerestiere, die im für Venedig so typischen Risotto landen: Venusmuscheln oder Go, ein Fisch, den es nur in der Lagune gibt. Daß ausgerechnet in Venedig Stockfisch so beliebt ist, hat mit der alten Seefahrertradition zu tun. Er wird gerne als würzige Pürree oder in Milch gekocht, mit viel Zwiebel zubereitet. Im Vorfrühling oder im Spätherbst gibt es moleche, Krabben, die dann gefangen werden, wenn sie den Panzer abwerfen, um zu wachsen. Sie werden gebraten, mit Knoblauch und Kräutern gewürzt.

Einer der reizvollsten Plätze Venedigs: der Fischmarkt mit seinen Ständen, Bars und Restaurants. Man erreicht ihn über den Canal Grande mit dem traghetto, der Gondelfähre.

Fische waren seit jeher der Reichtums des venezianischen Marktes. Die Fischzucht in der Lagune wird nach uralten Methoden betrieben.

In den Lokalen, die die Venezianer selbst besuchen, gibt es eine unglaubliche Vielfalt an Fisch-Vorspeisen, die meist verführerisch beim Entree angeordnet werden. Durchscheinende Meeresheuschrecken - cigale - deren Fleisch man aus dem zarten Panzer kitzeln muß, granceola - Meeresspinnen, cape lunghe - Stabmuscheln, tartuffi di mare - Meerestrüffel, eine Muschelart.

Essen und Trinken

Reis ist ein Grundpfeiler eines venezianischen Menus, vor allem in Form von Risotto. Er wird suppig - all'onda - zubereitet und mit Spargel, Hopfensprossen, Pilzen, Muscheln gewürzt. Riso nero - fast schwarzer Risotto mit Tintenfisch samt Tinte, ist eine der Lieblingsspeisen der Venezianer. Als Hauptspeise kommt Fisch meist gegrillt auf den Tisch - mit Recht vertrauen die Köche seiner Frische, seinem natürlichen Aroma. Ein Erbe byzanischer Kultur sind die sehr süßen Desserts - kandierte oder mit Schokolade überzogene Früchte, Mandel- oder Apfeltorte. Strudel, Krapfen, Sachertorte sind Besatzungskinder aus österreichischen Zeiten. Würzige Kekse, Zaletti oder Buranelli, werden gerne in den Wein getunkt.

Reis spielt in der venezianischen Küche die Rolle, wie in den übrigen Regionen die Nudel. Das wichtigste Anbaugebiet war und ist das Po-Delta mit seinen dafür idealen klimatischen Bedingungen.

Wie die Juwelen der benachbarten Schmuckläden werden am Rialtomarkt Obst und Gemüse präsentiert.

In den populären Stadtvierteln findet man die Trattorie oder Osterie, in denen man gemeinsam mit den Venezianern genießt: beim Campo San Polo, zwischen Lista di Spagna und Ghetto, bei Santa Maria dell'Orto, am Rand der Giardini Pubblici oder beim Campo San Giacomo dell'Orio und beim Campo Santa Margherita. Hier kann man noch erleben, wie konzentriert und respektvoll die Venezianer Fisch und Meeresfrüchte essen - ihnen verdankten sie ihr Überleben.

Viele kleine Märkte beleben die Plätze Venedigs, machen die Gemeinschaft des Campo autark.

Die unglaubliche Vielfalt venezianischer Straßen entzückt und verwirrt - optisch wie sprachlich. Es gibt eine Vielzahl von Bezeichnungen: calle, ramo, ruga, rio terra, aber nur zwei Straßen führen die übliche Bezeichnung: via. Und nur ein einziger Platz, der von San Marco, nennt sich: piazza. Venezianische Plätze heißen: campo.

Nur ein einziger der vielen Feudalbauten Venedigs nennt sich: Palazzo - der Dogenpalast. Die Patrizier bezeichnen ihre prächtigen Häuser, voll Understatement: Casa oder Ca'. Sie waren immer der Repräsentation und dem Geschäft gewidmet. Im Erdgeschoß war das Magazin - andron -, darüber der private Salon.

In einer Stadt mit so vielen Brücken für Fußgänger begegnen einander auch die Menschen behutsamer als in einer Stadt voller Autos.

Auf 118 Inseln ruht Venedig - dazwischen breitet sich das Winkelwerk der Kanäle aus, in dem sich nur Insider auskennen.

Auch die Wäscheleinen schlagen Brücken von Haus zu Haus. Darunter blühen bleiche Begonien, zwitschern Singvögel in hölzernen Käfigen.

Die »armen« Brücken populärer Viertel sind aus Holz und nicht aus Stein. Aber auch Holz war in dieser Stadt im Wasser einmal eine Rarität.

Eine Vielzahl von Spezialläden macht das Einkaufen in Venedig zum Vergnügen. Beliefert werden sie alle mit dem Boot und dann mit kleinen, brückengängigen Karren.

An Brücken treffen sich die Venezianer, um Neuigkeiten auszutauschen oder um auf Kunden zu warten, wie die Gondolieri. Manchmal ankert hier auch ein Boot, von dem aus Gemüse verkauft wird.

Der Alltag Venedigs erscheint dem Fremden mühsam. Die Läden sind nicht immer leicht erreichbar, es wird viel geschleppt - aber auch viel mit den Nachbarn und Geschäftsleuten geredet.

Die kleinen Geschwister des Markuslöwen, die Katzen, genießen viele Privilegien. An Brücken finden sie häufig Reste venezianischer Mahlzeiten.

Gondeln und Gondolieri

Gondeln zur Zeit Carpaccios – an der Wende vom 15. zum 16. Jahrhundert.

In der Kunst, sich elegant über Wasser zu halten, sind die Venezianer Meister. Das ideale Vehikel ihrer Balanceakte ist die Gondel. Ein Design von vertrackter Funktionalität macht sie so wendig. Der rechte Teil ist um 24 cm schmäler als der linke - der Gondoliere, der nur ein Ruder verwendet und das im Stehen, nützt diese Asymmetrie, um sein Boot leicht durch alle Windungen der Kanäle zu steuern. Dabei hilft ihm die forcola, die in verschiedenen Richtungen eingekerbte Ruderdolle, die komplizierte Manöver ermöglicht. Keine forcola gleicht der anderen, sie wird von Künstlern ihres Fachs auf die Größe, das Gewicht des Gondoliere, aber auch auf den Verkehr abgestimmt. Der größte Feind des Gondoliere ist heute moto ondosa, die Wellen der Motorboote. Sie schleudern die leichten Gondeln gegen die Mauern der alten Häuser, die sie auch noch unterwaschen. Das Tempolimit wird selten beachtet. Die Gondolieri drohen immer wieder mit Streik - oder der Motorisierung ihrer Boote. Auch der ferro, das zwanzig Kilo schwere, gezackte Bugeisen, vermag der Gondel nicht mehr genug Stabilität zu geben. Der ferro vereint unter dem stilisierten Dogenhut sechs waagrechte Zacken. Sie stehen für die Stadtteile Venedigs: San Marco, Castello, Cannaregio, San Polo, Dorsoduro und Santa Croce. Von der einzelnen, zum Boot gerichteten Zacke sagt man abwechselnd, daß sie die Giudecca, aber auch Zypern verkörpere, das einst venezianisch war. Gondeln bestehen aus acht verschiedenen Hölzern - Ulme, Eiche, Lärche, Nuß, Fichte, Linde, Kirsche und Tanne. Durch die veränderten Verkehrsbedingungen sind sie heute sehr reparaturanfällig. Im squero, der Bootswerft, kostet der Service viel Geld. Eine der ursprünglichsten Gondelwerkstätten ist bei San Tomaso, nahe der Zattere. Die Gondolieri kommen häufig aus Burano und gehören alten Dynastien an, in denen der Vater dem Sohn seine Technik weitergibt. Sie wissen, was ihre Kunst wert ist. Ihre Tarife stehen auf Zetteln im Boot oder bei den Anlegeplätzen. An bestimmten Feiertagen gibt es überlieferte

Ein stilisierter Dogenhut als Bugeisen der Gondel.

In der Gondelwerft bei San Tomaso werden die vielen Schäden repariert, die der Motorbootverkehr verursacht.

In Venedig haben die Pferde auf den Gondeln Flossen.

Trinkgeldbräuche, deren Verweigerung mit der gleichen Gelassenheit beantwortet wird wie der Zuschlag. Die billigste Möglichkeit, mit der Gondel zu fahren, ist der traghetto, ein Übersetzdienst über den Canal Grande an belebten Punkten, wie bei Harry´s Bar, beim Gritti, bei San Samuele, der Pescheria. Venedig hat nur drei Brücken, die traghetti sind eine große Annehmlichkeit, um ans andere Ufer zu kommen.

1000 JAHRE TRADITION

So schwarz und elegant wie heute waren die Gondeln nicht immer. - Bis ins 16. Jahrhundert wurden sie bunt bemalt, reich ornamentiert und mit viel Gold ausgestattet. Ein Gesetz aus dem Jahre 1562 gebot optische Zurückhaltung. Ihre heutige Form entwickelte sich über mehr als ein Jahrtausend. Bereits 697, als der erste Doge gewählt wurde, kannte man Gondeln. Nur waren sie viel plumper als heute. Auf Bildern der Frührenaissance zeigt sich bereits der elegante Schwung dieser ungewöhnlichen Boote. Ein bezauberndes Detail ist die felze, eine abnehmbare Kabine, in deren Schutz so manche erotische Begegnung stattfand. Heute haben alle Gondeln das gleiche Maß: 10,15 m lang, 1,40 m breit, siebenhundert Kilo schwer. Rechts sind sie 24 cm schmäler als links, das macht sie wendig.

DE SCROSE
AL VAPORETTO

Claudio
GV. 23746

Leben in der Lagune

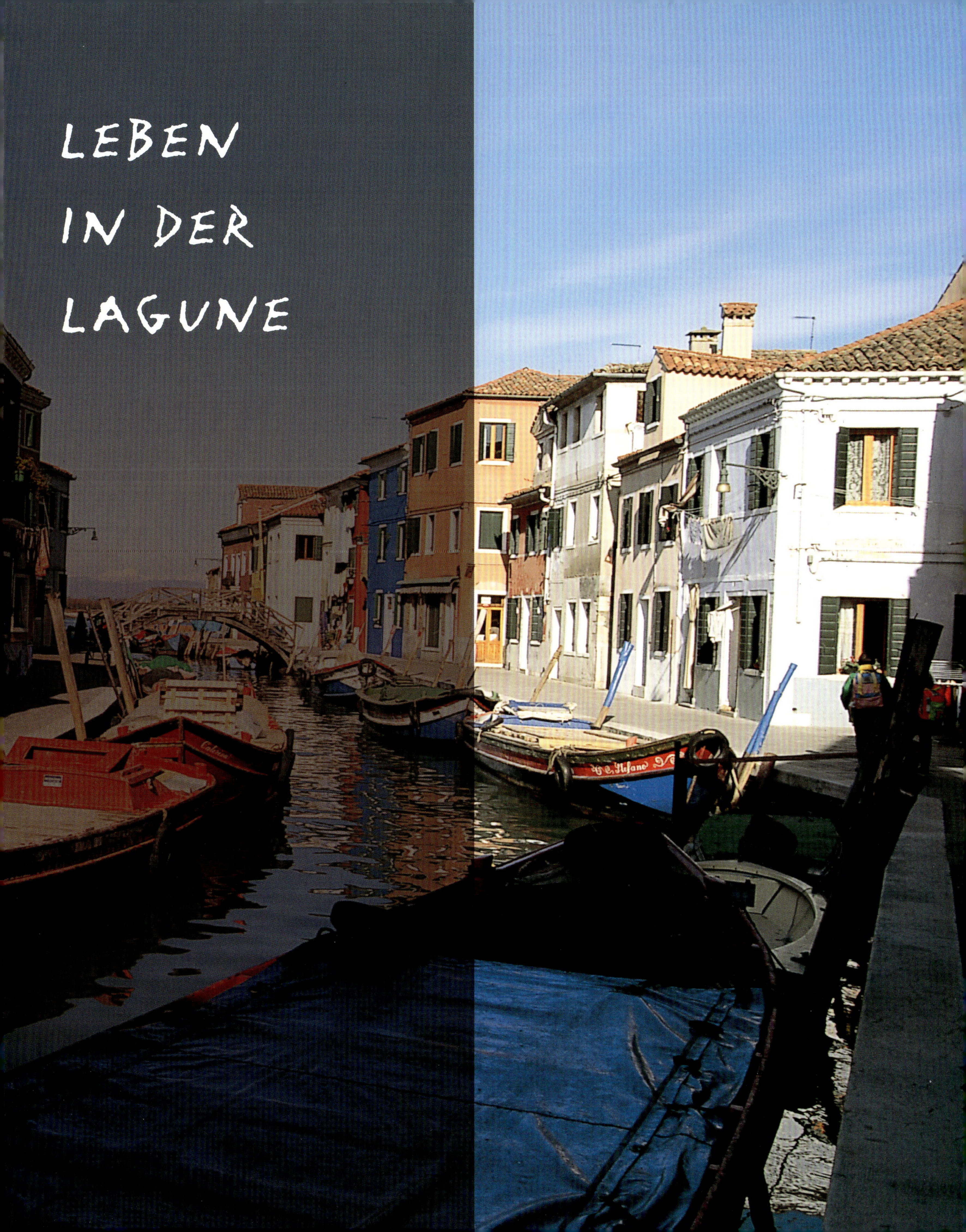

Sie ist eine der ungewöhnlichsten und gefährdetsten Landschaften Europas - ein Zwischenreich aus Wasser und Land, Natur und Menschenwerk: die Lagune Venedigs und ihre Inseln. Mit tausend unsichtbaren Fäden sind sie mit dem Organismus der Stadt verbunden. Viele Inseln übernahmen wichtige Funktionen, die das Leben in Venedig einfacher, reibungsloser machten. Fisch und Vögel, Gemüse und Obst waren und sind wichtige Produkte für den Lebensunterhalt der Stadt im Wasser. Das 11 Kilometer breite, 56 Kilometer lange Areal ist heute einer der ungewöhnlichsten Freizeitbereiche rund um eine Stadt.

Die Lagune unterliegt den Gezeiten der Adria, Meerwasser kommt durch drei Öffnungen zwischen Lido und Chioggia. Aber der Wasseraustausch ist durch Eingriffe des Menschen gestört, Fischsterben und Algenwachstum sind die Folge.

Inselwelt - ursprünglich oder mondän

Die wichtigste Rolle spielen auch heute noch die schmalen seeseitigen Inseln, die schützende Barrieren gegen die Sturmfluten der Adria bilden. Der Lido, die mondänste, und im nördlichen Bereich untypischste der Inseln, war durch Jahrzehnte Vorbild aller großen Badeorte. Seine Fin de siècle Hotels mit den eleganten Badekabinen, die modernen Appartementhäuser und der monumentale Palazzo del Cinema lassen kaum vermuten, wie ursprünglich der Südteil der Insel, bei Malamocco, noch ist. Hier landeten einst die Flüchtlinge aus Padua mit ihrem Bischof. Die Insel ist so schmal, daß Meer und Lagune fast in Reichweite sind. Die murazzi, riesige Steinblöcke, die im 17. Jahrhundert aufgehäuft wurden, sichern den Lido gegen die landfressenden Winterstürme ab. Pellestrina, die zweite schützende Insel, ist ebenso ursprünglich geblieben, kleine Fischerorte geben ihr das Gepräge. Vor Pellestrina liegen wichtige Fischzuchtgebiete der Insel. In den valli werden nach uralten Methoden Fische, Krabben und Muscheln vermehrt. Der seeseitige Teil der Lagune, die laguna viva, wird von Ebbe und Flut der Adria erfaßt, in der landseitigen laguna morta stagniert das Brackwasser und ist an manchen Stellen in Gefahr, zu kippen.

Die Villen des Lidos repräsentiern den Lebensstil einer längst vergangenen Zeit.

Venedig hat seine Inseln immer genützt, um gefährliche oder belastende Dinge und Menschen von der Stadt fernzuhalten. Pulverdepots wurden in der Lagune ausgelagert, die feuergefährdeten Glasfabriken, Spitäler, Asyle, der Friedhof. Mönche

Seite 108/109: Burano ist die bunteste Insel der Lagune – ihre Häuser werden regelmäßig in kräftigen Farben gestrichen. Hier sind die besten Ruderer der Lagune zu Hause, darunter viele Gondolieri, Fischer und die Spitzenklöpplerinnen, deren Kunst einst auch die französische Spitzenindustrie inspirierte.

suchten freiwillig die Isolation fern der Stadt. San Giorgio Maggiore ist die Venedig nächstgelegene Klosterinsel, Palladio hat die Kirche mit der eindrucksvollen Tempelfassade erbaut. Vom markanten Campanile hat man den besten Blick über die inselgesprenkelte Lagune und die Stadt. Das angeschlossene Kloster, das Napoleon in eine Kaserne umwandelte, ist heute Sitz eines internationalen Studienzentrums und Ort interessanter Ausstellungen. Hinter San Giorgio, im Canale Orfano wurden bis ins 18. Jahrhundert Ertränkungsurteile vollstreckt. Der Platz galt noch lange danach als verfemt und wurde gemieden. Auf der Insel San Lazzaro fanden armenische Mönche Zuflucht vor ihren türkischen Verfolgern. Die Mechitaristen, die nach dem östlichen Ritus der römisch-katholischen Kirche leben, sind sehr gastfreundlich und öffnen ihre Sammlungen alter Schriften und anderer Kostbarkeiten den Besuchern. Auch Lord Byron, der in Venedig so viele Spuren seines extravaganten Lebens hinterließ, lebte in diesem Kloster und beschäftigte sich mit der Sprache seiner Gastgeber. Die Mechitaristen unterhalten eine Schule für armenische Kinder und eine Druckerei, aus der Bücher internationaler Produktionen und Ansichtskarten kommen.

Fromme Bilder einer Stadt, die die eigene Identität höher schätzte als die Zugehörigkeit zum Christentum.

Mit Weidengeflecht und Netzen sperren die Venezianer Lagunenteile ab,um dort Fische zu züchten. Diese nach uralter Erfahrungen geführten valli versorgten die Venezianer einst mit rarer Fischkost. Phantasievolle Fischgerichte bereichern auch die venezianische Küche.

Klosterinsel, Krankeninsel, Toteninsel

Ganz still und in sich versunken liegt die Klosterinsel San Francesco del Deserto, die man am besten von Burano aus ansteuert. Hierher soll sich der heilige Franziskus nach einem Schiffbruch gerettet haben. Eine schöne Legende, die glaubhaft wird, wenn man den Frieden des paradiesischen Gartens mit seinen Ziervögeln erlebt.

Viele Ausgestoßene - Kranke, Aussätzige, Verwirrte - wurden in den Klöstern gepflegt. Isole dei dolori, Inseln der Schmerzen, heißen deswegen einige Plätze der Lagune: San Clemente, San Servolo. Heute sind hier offene psychiatrische Kliniken inmitten von Grün und Wasser untergebracht. Manche der Isolationsstationen, wie das Spital auf Poveglia, wurden geschlossen und werden von der üppig wuchernden Vegetation zurückerobert.

Eine Welt des prallen Lebens offenbart sich in den Gemüseinseln Sant' Erasmo, Lio Piccolo, Le Vignole. Hier ist nichts von der Melancholie mancher Laguneninseln zu spüren. Hier wachsen Tomaten, goldener Mais, rotgrüngesprenkelte Bohnen, violettbehauchte Artischocken. Das irisierende Wasser, das sie umgibt, trennt sie nicht ab, es ist Transportmittel für hochbeladene Boote, die den Rialtomarkt ansteuern. Ein paar versteckte Trattorien locken die Insider. Nirgends in und um Venedig ißt man so gut und billig Fisch wie auf diesen unbekannten Inseln, wo Landleute im blauen Arbeitszeug an der Theke stehen und die Mahagoni-Boote kennerischer Venezianer ankern. Gleich an der Schiffsstation von Le Vignole ist eines davon. Man sitzt an ungedeckten Tischen und genießt das Gemüse der Insel und die Vielfalt der Lagunenfauna - Schnecken, Muscheln, Tintenfische, Aale - zum Wein der Terra ferma.

Platz ist auch nach dem Tod in Venedig rar. Nur wenige Prominente, wie Ezra Pound (unten) haben ein geräumiges Grab.

Die bekanntesten Inseln um Venedig liegen in der Laguna morta, in kaum bewegtem Wasser, zwischen Morast und Algen, flachem Wasser und an Schiffahrtskanälen, die von verwitterten Pfosten, den bricole, begrenzt sind.

Venedigs Toteninsel, San Michele, ist die erste, die man mit dem Boot von den Fondamente Nuove erreicht. Von hier starten die meisten Schiffe in die nordöstliche Lagune. San Michele ist ein melancholischer Ort mit schwarzen Zypressen, schönen Alleen, sorgfältig gepflegten Gräbern. Nur wenige Grüfte und Grabsteine signalisieren Beständigkeit. Nur Bevorzugte finden eine letzte Rast in übereinandergetürmten, schubladenartigen Steinbehältern. Wie im Leben so auch im Tod: Platz ist kostbar in Venedig. Nach zwölf Jahren werden die meisten Toten exhumiert und auf einer fernen Insel in einem Massengrab bestattet. Die Vergänglichkeit sinkt in San Michele noch tiefer ins Bewußtsein als an jedem anderen Friedhof. In der feierlichen Renaissancekirche von San Michele ist Paolo Sarpi begraben. Ein Servitenmöch, der das kluge und rebellische Venedig verkörpert, das sich der Inquisition widersetzte und das den Kirchenbann auf sich herabbeschwor. Paolo Sarpi war der Ratgeber der Republik. Sein sehr venezianisches Lebensmotto: »Ich lüge nie, aber die Wahrheit sage ich nur wenigen.«

Bereits die Gassen rund um die Fondamente Nuove, von wo man zur Toteninsel San Michele übersetzt, stimmen mit Blumen- und Grabsteinläden auf die Vergänglichkeit ein.

Insel der Glasmacher

Nirgends anders als in der Lagune konnte das Glas Venedigs entstehen. Der Perlmutterschimmer und der Opalglanz des seichten Wassers, die Erdtöne der winterlichen Inseln - sie alle finden sich im Glas wieder, das seit 1291 auf Murano entsteht. Die Glashütten wurden damals aus der Stadt verbannt, weil sie eine ewige

Venezianische Glasperlen waren einst ein wichtiges Zahlungsmittel im Handel mit dem Orient. Noch heute heißen sie »conteri«, von »conto« – Rechnung.

Brandgefahr darstellten. Die überschaubare Insel Murano wurde aber zum goldenen Käfig für die Glasmacher, deren Technik Staatsgeheimnis war. Die maestri hatten zwar gesellschaftlich hohen Rang, die bedeutendsten unter ihnen standen im Goldenen Buch der Stadt und konnten in die großen Patrizierfamilien einheiraten. Aber es war lebensgefährlich für sie, die Inseln zu verlassen und für andere Herrscher Glas zu machen. Trotzdem gelangte ihr Geheimnis, wasserklares Glas zu machen, in den Besitz der böhmischen Glasmacher, die bald eine große Konkurrenz für Venedig darstellten. Auch heute noch sind die großen Manufakturen auf Murano zu finden. Den meisten sind Gäste willkommen. Ob man die oft allzu gefälligen Figuren, Leuchter, Vasen, den Schmuck aus Muranoglas mag oder nicht, ihre Entstehung ist immer wieder ein faszinierender Schöpfungsakt. Der rotglühende Glasklumpen an der Spitze der Pfeife gewinnt nur durch den Atem des Menschen und durch seine Geschicklichkeit Form. Venedig hat auch bei der Glasherstellung römische und byzantinische Traditionen und Techniken übernommen. Die Kunst der Glasmosaike stammt aus den oströmischen Werkstätten. Sie verewigen Byzanz in venezianischen Kirchen und Palästen. Auch die Kirche von Murano, Santi Maria e Donata, ist damit ausgestattet. Venezianische Glasmacher haben allerdings den modernen Spiegel erfunden. Bis ins 15. Jahrhundert gab es nur polierte Metallspiegel. Dann erfanden Venezianer das Kristallglas, und 1507 entdeckten die Brüder Domenico und Antonio Dal Gallo die Technik, Glas mit Silber zu belegen. Es hatte technische Gründe, warum die Muranospiegel aus kleinen, mit Ornamentleisten zusammengesetzten Platten zusammengesetzt wurden. Vorerst wurden dafür Glaszylinder aufgeschnitten und geglättet. Erst die Franzosen entwickelten die Technik des Flachglases.

Uraltes Wissen lebt bei den Glasmachern in Murano weiter – römische Glaskunst und byzantinische Mosaiktechnik fanden in Venedig fruchtbaren Boden.

Das subtile Farbenspiel der Lagune inspiriert auch heute noch die Glasmacher von Murano.

Feuer und der eigene Atem formen das Glas – Aus dem bolo, dem glühenden Glasklumpen entstehen Kunstwerke und Kitsch.

Die Stärke der venezianischen Glasmacher liegt in der Vielfalt der Farben und Formen, die in der Spätzeit allerdings manieristisch ausufern. Die schönsten Pokale Venedigs stammen aus dem frühen 15. Jahrhundert. Im Glasmuseum im Palazzo Giustinian in Murano sind sie zu sehen. Die späteren Modelle werden immer komplizierter, ausgefeilter, sie sind aus Milchglas, das auch zu durchsichtigen Netzen verarbeitet wird, sie gleichen Eiskristallen oder Halbedelsteinen wie Calcedon; sie sind mit Goldstaub durchsetzt. Ihre Formen werden immer üppiger: Blütensträuße ranken um Luster, Pokale gleichen Schiffen mit geblähtem Segel. Murano ist heute völlig von den Glasmanufakturen dominiert, man kann sich kaum mehr vorstellen, daß es einmal eine Insel der üppigen Gärten und der eleganten Landhäuser war.

Die buntesten Häuser der Lagune stehen auf der Fischerinsel Burano.

Weiter in der Lagune, vorbei an Inseln mit struppigem Gras, verlassenen Gutshöfen, kleinen Fischerhäusern und verwitterten Madonnen. Reiher fliegen auf, Wildenten, Wasserhühner, Strandläufer flüchten vor den Booten. Zehntausende Zugvögel rasten jedes Jahr in dem 550 Quadratkilometer großem Feuchtgebiet zwischen Jesolo und Chioggia. Giftgrüne Meerwiesen wiegen sich hier im Wind, Sumpf und Sandbänke täuschen festen Boden vor, wo nur Vögel Halt finden. Immer wieder stranden Motorboote, deren Hobby-Kapitäne nicht an die vorgezeichneten Schiffahrsrouten glauben. Die Venezianer, die sie flott machen, lächeln unergründlich. Was wissen Fremde von den Gesetzen der Lagune.

Burano und Torcello

Und dann steigt aus der geheimnisvollen Wasserwüste ein Idyll auf: Burano. Ein Fischerort, wie aus einem romantischen Bild: mit bunten Fassaden, vollgehängten Wäscheleinen, davor Frauen, die Spitzen klöppeln, Männer, die Fischernetze entwirren. Auch das Spitzenklöppeln soll aus Byzanz stammen und war wie das Glasmachen ein venezianisches Monopol. Bis Colbert, ein Minister Ludwigs XIV., einige Klöpplerinnen aus Burano nach Alençon holte und mit ihnen die große französische Spitzenindustrie aufbaute. Auch auf Burano gibt es ein Museum mit den schönsten, zartesten Spitzen. Burano ist eine Insel der Fischer, die besten Ruderer der Lagune sind unter ihnen. Fischliebhaber kommen in Burano auf ihre Rechnung, es gibt viele Restaurants, die meisten sind gut, alle sind sie so teuer wie in Venedig.

Seidenreiher, Bläßhühner, Graugänse, Wildenten, Sichelstrandläufer – die Lagune bietet noch immer vielen seltenen Vogelarten ein Refugium, das jedoch durch Umweltverschmutzung gefährdet ist.

Strengen Fabrikgebäude der Glasindustrie charakterisieren Murano (oben). Die Stille des Anfangs liegt über Torcello (unten).

Welcher Kontrast zur putzigen Aufgeräumtheit Buranos: Torcello, die Insel, wo Venedig seinen Anfang nahm. Hier landeten die ersten Flüchtlinge vor den Stürmen der Völkerwanderung. Altino ist nahe, und sein Turm war sichtbar: Turris,

Turricellum, Torcello wurde zum Namen der Sehnsucht nach dem heimatlichen Campanile.

Aber die Flüchtlinge konnten nicht mehr zurück, ihre Stadt war zerstört, sie mußten eine neue bauen. Torcello war bald ein florierendes Gemeinwesen mit 30.000 Einwohnern, zwanzig Kirchen, Palästen und Fischerhäusern, Häfen und Werften. Kaum etwas davon ist geblieben, die Malaria hat die Stadt unbewohnbar gemacht, die Häuser verfielen. Venedig entstand rund um den Rialto. Geblieben sind zwei Gotteshäuser von geheimnisvoller Schönheit, noch unter byzantinischer Herrschaft gebaut: die edelproportionierte Zentralkirche Santa Fosca. Und Santa Maria Assunta, 639 entstanden, wie eine gravierte Jahreszahl beweist. Hier, in der größeren Kirche, nehmen zwei riesige Mosaikbilder gefangen: das der Madonna Teodoca, der Gottesgebärerin, und das figuren- und schreckensreiche Bild des Jüngsten Gerichts, das Christus und die Heiligen, Engel und Dämonen, Selige und Verdammte vereint.

Rund um die beiden Kirchen Felder und Wiesen, schmale Kanäle, Sumpf und verzauberte Gärten, Restaurants mit Touristenwirbel. Und ein paar Schritte davon entfernt: die Stille des Anfangs, als es Venedig noch gar nicht gab ...

Mit dem Boot erreicht man von Burano aus die meditative Klosterinsel San Francesco del Deserto.

Die Boote der Lagune sind von großer Vielfalt: Sandolo nennen sich die schmalen, wendigen Fischerboote, die auf jeder Insel andere Eigenarten zeigen, trabacolo heißen die mächtigen Transportschiffe mit dem Auge am Bug.

Rohrziegel in warmem Terrakotta bestimmen die Dachlandschaft Venedigs und der Inseln in der Lagune. Sie sind so charakteristisch wie die hölzernen Fensterläden, die die Hitze des Sommers aussperren.

Bolo heißt der glühende Glasklumpen am Ende der Glaspfeife, der durch den Atem des maestro und durch seine geschickte Manipulation mit spezifischem Werkzeug seine kunstvolle Form bekommt.

Die Glasindustrie von Murano entstand, nachdem eine Reihe mittelalterlicher Glaswerkstätten Venedig in Brand gesetzt hatten. Aber die Isolation galt auch den Glasmachern und den Geheimnissen ihrer Kunst.

Glas war in der Handelsstadt Venedig eines der wenigen Eigenprodukte, in das ungeheuer viel Phantasie und technisches Können investiert wurden. In Venedig wurden der Glasspiegel und eine Reihe von bezaubernden Effekten erfunden, die Glas zu einer Kostbarkeit wie Gold machten.

Seite 122/123:
San Giorgio mit seiner Palladiokirche ist eine der vielen Inseln der Lagune, in denen die Stille, die Einkehr zu Hause ist - aber auch die vitale Verbundenheit mit dem Wasser, aus dem einst Venedig stieg.

402
Erster Einfall der Völkerwanderung im Gebiet der oberen Adria. Die Goten unter der Führung von Alarich erobern die römische Handelsmetropole Aquileia.

Santa Maria della Salute – nach dem Erlöschen der zweiten Pestepidemie erbaut.

452
Die Hunnen unter Attila überrennen Venetien und zerstören seine Städte. Die Bewohner flüchten auf die Inseln der Lagune, kehren wieder zurück und müssen sich erneut auf die Inseln zurückziehen.

476
Die Goten halten Venetien besetzt, ihr Herrscher ist Odoaker.

493
Theoderich übernimmt die Herrschaft über die Goten, sie erhalten ein Drittel des römischen Grundbesitzes. Theoderich versucht die germanischen Stämme in Bündnissen gegen Byzanz zu einigen.

526
stirbt Theoderich in Ravenna.

538
nimmt Cassiodor, der Kanzler Theoderichs, Verbindung mit den auf die Inseln vertriebenen Venetern auf, um sie zu Verbündeten seiner Handelspolitik zu machen.

552
Der byzantinische Feldherr Narses, der die Goten schlägt, bringt die Inselveneter unter die Schirmherrschaft von Byzanz.

568
Die Langobarden ziehen von ihrer skandinavischen Heimat durch Mähren und Pannonien nach Oberitalien. Sie drängen Byzanz aus diesem Bereich zurück, Italien zerfällt in einen langobardischen und einen byzantinischen Teil. Die Inseln in der Lagune bleiben bei Byzanz.

639
Gründungsinschrift am Dom von Torcello.

697
Paoluccio Anafesto wird der erste Doge. Er ist dem Kaiser von Byzanz verpflichtet. Sein erster Amtssitz ist Heraclea, später übersiedelt er nach Malamocco.

751
Die Langobarden erobern das byzantinische Ravenna und beenden damit die Vorherrschaft Ostroms über Mittelitalien. Bereits seit 726 werden die Dogen frei gewählt.

773 - 774
Die Franken unter Karl dem Großen erobern das Langobardenreich und gliedern es ihrer Herrschaft ein.

809
Pippin, der Sohn Karls des Großen, erobert Chioggia und scheitert daran, die Lagune in Besitz zu nehmen.

811
Der Sitz der Dogen wird von Malamocco nach Rivo alto verlegt.

812
im Frieden von Aachen bestätigen die Franken die Zugehörigkeit Seevenetiens zu Byzanz. Die Inseln der Lagune behalten dabei ihre Eigenständigkeit und sichern sich die Handelsbeziehungen zu den Franken.

829
Die Gebeine des heiligen Markus werden von venezianischen Kaufleuten aus Alexandria geschmuggelt und nach Venedig gebracht. Neben dem neuen Sitz des Dogen entsteht eine Kapelle für die Reliquie.

832
Die erste Kirche für den heiligen Markus wird geweiht.

976
Die Markuskirche verbrennt und wird neu aufgebaut.

991
Der Doge Pietro Orseolo II. weitet die Macht Venedigs über die obere Adria aus. Dalmatien kommt teilweise in venezianischen Besitz und wird Stützpunkt für seine Handelsniederlassungen.

1094
Die Basilica San Marco ist in ihrer heutigen Form vollendet.

1172
Die Adelsfamilien Venedigs schließen sich zum Großen Rat der Stadt zusammen.

1177
Treffen von Kaiser Friedrich Barbarossa und Papst Alexander III. in der Basilica San Marco. Venezianische Diplomaten bereiteten die Versöhnung zwischen dem mit dem Kirchenbann belegten Kaiser, dem in die Flucht geschlagenen Papst und den Stadtstaaten vor. In der Vorhalle von San Marco erinnert heute noch ein Stein an den Platz, wo Friedrich Barbarossa in die Knie sank: »Vor Petrus, nicht vor dir knie ich«, sagte er dem Papst. »Vor mir und Petrus«, erwiderte der Papst.

1202 - 1204
Papst Innozenz III. rief zum Kreuzzug gegen Ägypten auf. Venedig übernahm den Transport der Kreuzfahrer gegen die Verpflichtung, die dalmatinische Stadt Zara für Venedig zu erobern. Der neunzigjährige Doge Enrico Dandolo veranlaßte die Kreuzfahrer danach, mit ihm nach Konstantinopel zu ziehen. Die Stadt wird erobert und völlig geplündert. Neben vielen anderen kostbaren Schätzen werden die Rosse der Quadriga vom Hippodrom nach Venedig gebracht.

1204
Kreta (Candia) und der Peloponnes (Morea) kommen in venezianischen Besitz.

1261
Michael Palaiologos, das Oberhaupt des griechischen Kaisertums, will den Thron von Byzanz und schließt im Pakt von Ninfeo ein Abkommen mit Genua. Für seine Unterstützung gewährt er Handelskonzessionen, die Venedig empfindlich stören. Die Rivalität zwischen Venedig und Genua beginnt zu wachsen.

1271
Marco Polo reist in die Mongolei zum Kublai Khan.

1285
Die Zecca, Münzamt und Bank der Republik, wird gegründet.

1301
Der Bau des Dogenpalasts beginnt.

1310
Der Dogenenkel Bajamonte Tiepolo versucht den Aufstand gegen die herrschende Klasse Venedigs. Er scheitert und bewirkt, daß die mächtigste und geheimnisvollste Institution der Republik gegründet wird: der Rat der Zehn, der Todesurteile aussprechen und Dogen absetzen konnte.

Nach dem Ende der Gotik im gotischen Stil neu errichtet: der Dogenpalast.

Seit 1979 wird in Venedig wieder Karneval gefeiert.

1355
Marin Faliero, Doge von Venedig, versucht die Patrizier zu entmachten. Auch er scheitert und wird an der Treppe der Giganten im Hof des Dogenpalasts enthauptet. Sein Leichnam wird einen Tag lang zur Schau gestellt. Die Dogen nach Marin Faliero werden immer unauffälliger und machtloser, ihr Amt besteht schließlich nur noch im Repräsentieren.

1378
Die Auseinandersetzungen zwischen Venedig und Genua eskalieren. Die Venezianer attackieren die genuesische Flotte bei Porto Anzio.

1379/80
Die Genuesen erobern Chioggia und versuchen in die Lagune einzudringen. Vettor Pisani besiegt sie und beendet den Handelskrieg zwischen Genua und Venedig. Eine Zeit des wirtschaftlichen und kulturellen Aufschwungs beginnt.

1423
Venedig erobert Territorien auf dem Festland.

1453
Die Türken erobern Konstantinopel, die Stadt, die durch den Überfall der Kreuzfahrer unter venezianischer Führung geschwächt wurde. Diese Eroberung hat weitreichende Konsequenzen für die venezianische Politik.

1489
Nach dem ungeklärten Tod des Königs von Zypern, dessen Frau, Catarina Cornaro Venezianerin ist, fällt die Insel Venedig zu.

Igor Strawinsky fand auf der Toteninsel San Michele seinen letzten Ruheplatz.

1492
Christoph Colombus entdeckt Amerika. Die Spanier machen Venedig seine Handelsvormacht streitig.

1498
Der Portugiese Vasco da Gama entdeckt die Schiffahrsroute nach Ostindien.

1508
In der Liga von Cambrai verbünden sich die Großmächte gegen Venedig.

1571
Sieg der Großmächte und Venedigs über die Türken in der Seeschlacht von Lepanto. Venedig hat großen Anteil an diesem Sieg, verliert aber trotzdem Zypern.

1575
Die erste große Pestepidemie erfaßt Venedig. Tizian stirbt an dieser Seuche. Nach Erlöschen der Krankheit läßt Venedig auf der Giudecca von Palladio die Redentore-Kirche erbauen.

1606
Venedig widersetzt sich dem Papst und wird mit dem Kirchenbann belegt. Der humanistische Mönch Paolo Sarpi, der die Republik berät, überlebt ein Attentat der Kurie.

1630
Zweite Pestepidemie. Die Barockkirche Santa Maria della Salute entsteht nach Plänen von Baldessare Longhena.

1669
Die Türken besetzen das venezianische Kreta (Candia).

1699
Friede von Karlowitz. Venedig verliert große Teile seiner Besitzungen an die Habsburger und die Türken.

1718
Friede von Passarowitz zwischen Österreich und der Türkei. Venedig verliert fast alle auswärtigen Besitzungen.

1724
Im Frieden von Aachen gewinnt Österreich fast alle Festlandbesitzungen Venedigs.

1796/97
Napoleon beginnt seinen Marsch durch Italien und nimmt Venedig kampflos ein. Lodovico Manin, der letzte Doge dankt ab.

1798
Napoleon überläßt Österreich Venedig.

1806
Die Franzosen ziehen neuerlich in Venedig ein. In den folgenden Jahren werden der napoleonische Trakt des Markusplatzes erbaut und die Giardini pubblici, wo heute die Biennale stattfindet, angelegt.

1815
Sieg der Heiligen Allianz über Napoleon. Venedig kommt wieder zu Österreich.

1846
Bau der Eisenbahnbrücke zum Festland. Die Palladio-Kirche Santa Lucia wird niedergerissen, um Platz für den Bahnhof zu schaffen.

1848
Revolution unter Daniele Manin gegen die österreichische Besetzung. Der Aufstand wird niedergeschlagen.

1866
Das Königreich Italien entsteht aus einem Zusammenschluß aller Länder, Venedig wird Provinzhauptstadt.

1891
Der erste Stadterhaltungsplan entsteht.

1895
Gründung der Biennale in einer Reithalle der Giardini. Das Bild »Il supremo convegno« – »Die höchste Zusammenkunft«, ein schwülstiges Bacchanal an einer Totenbahre, erregt den ersten Skandal.

1902
Der Campanile stürzt ein. Venedig beschließt am gleichen Tag, ihn aufzubauen: wo er war und wie er war.

1916
Österreichische Flugzeuge bombardieren Venedig. Die Kirche Santa Maria Formosa wird beschädigt.

1925
Beginn des Ausbaus einer Industriezone am Rande Venedigs.

1932
Die Autobrücke zum Festland wird fertiggestellt.

1934
In der Villa Pisani an der Brenta kommt es zur ersten Begegnung zwischen Mussolini und Hitler. Die Achse Rom-Berlin wird beschlossen.

1953
Die zweite Etappe des Ausbaus der Industriezone beginnt.

1966
Eine Sturmflut mit zwei Meter hohen Wellen gefährdet Venedig. Burano entgeht nur knapp dem Untergang.

1973
Ein Sondergesetz zum Schutz der Lagune wird beschlossen.

1981
Fertigstellung des Projekts einer Schleusenanlage für die drei Eingänge der Lagune durch das Ministerium für öffentliche Bauten. Es ist bis heute noch nicht ausgeführt.

Abschied von Venedig – er fällt bei jedem Besuch schwerer.

VENEDIG
Cannaregio
Madonna dell'Orto
Sacca della Misericordia
Isola di S. Michele
Ponte della Libert
Ghetto di Venezia
S. Giobbe
Palazzo Labia
Stazione Ferroviaria S. Lucia
Canal Grande
Galleria Giorgio Franchetti
Ca'd'Oro
Fondamenta Nuove
Scuola Grande di S. Marco
Scuola Grande di S. Giovanni Evangelista
Rialto
Ponte di Rialto
S. Maria dei Miracoli
SS. Giovanni e Paolo
S. Francesco della Vigna
S. Croce
S. Polo
Piazzale Roma
Bacino Stazione Marittima
Scuola Grande di S. Rocco
S. Maria Gloriosa
Castello
Darsena Grande
Canal Grande
Canale Scomenzera
Ca'Foscari
Piazza S. Marco
S. Marco
S. Zaccaria
Arsenale
S. Pietro
Campo S. Margherita
S. Stefano
Dorsoduro
Riva degli Schiavoni
Museo Storico Navale
Ca'Rezzonico
S. Marco
Museo Civico Correr
Palazzo Ducale
Via Garibaldi
S. Sebastiano
Galleria dell'Accademia
Canale di S. Marco
Fondamenta delle Zattere
S. Maria del Rosario
S. Maria della Salute
Biennale
Sacca Fiscola
Mulino Stucky
Canale della Giudecca
S. Giorgio
Il Redentore
La Giudecca

Impressum

LOOK – Die Bildagentur der Fotografen
ist ein Zusammenschluß von derzeit 20 renommierten Fotografen. Erst vor wenigen Jahren gegründet, zählt die Fotografengemeinschaft aufgrund ihres anspruchsvollen Bildangebotes mittlerweile zu einer der führenden Agenturen in Deutschland.
So vielseitig wie die Fotografen sind auch ihre Themen (Reise, Sport, Wildlife, Reportage, Mode, etc.) und deren fotografische Umsetzung.

Die an der **LOOK/Stürtz-Bildbandreihe** beteiligten Fotografen zählen zu den besten in ihrem Metier.
Lange Reisen in die jeweiligen Länder oder Städte sind Garant für stimmungsvolle Landschafts- und Architekturaufnahmen und bieten einen umfassenden Einblick in die kulturellen Besonderheiten.

LOOK – Die Bildagentur der Fotografen
Kapuziner Str. 9
80337 München
Tel. 089 / 2 60 63 20
Fax 089 / 2 60 63 22

Bildnachweis
Archiv für Kunst und Geschichte, Berlin:
S. 9 rechts oben, S. 20/21 alle Abbildungen, Hintergrundbild, S. 30 links unten, rechts Mitte, S. 31 rechts unten, S. 42/44 alle Abbildungen, S. 54 rechts, S. 55 links unten, S. 56 links oben, S. 68 links oben und unten, S. 97 unten.

Buchgestaltung
Matthias Kneusslin, hoyerdesign, Freiburg

Karte
grafis, Dortmund

Die Deutsche Bibliothek - CIP-Einheitsaufnahme

Venedig / Eva Bakos; Rainer Martini - Würzburg:
Stürtz, 1996
ISBN 3-8003-0721-9
NE: Bakos, Eva; Martini, Rainer

Repro: Rete GmbH, Freiburg
Druck und Verarbeitung:
Universitätsdruckerei H. Stürtz AG, Würzburg

ISBN 3-8003-0721-9